난곡에 희망을 심다

_ 난곡희망의료협동조합 이야기

한뼘문고

04

난곡에
희망을 심다

난곡희망의료협동조합 이야기

김혜경 강연

한국사회적의료기관연합회 기획

건강
미디어
협동조합

강연 김혜경

창신동에서 지역활동을 시작한 후 난곡으로 옮겨 활동 이어감. 지역주민들과 함께 1976년 난곡희망의료협동조합을 설립. 1991년 관악구 기초의원에 당선되어 지역 위한 의정활동 펼침. 2004년에는 민주노동당 대표 역임. 현재 관악의료복지 사회적협동조합 이사장

기획 한국사회적의료기관연합회(사의련)

의료 공공성을 지향하는 의료기관들의 연대모임으로 2018년 5월 창립. 사의련은 질병의 예방과 관리 그리고 사회적 결정 요인에 관심 가짐. 장애인 주치의, 만성 질환 관리, 방문 진료 시범사업 등에 참여해 지역사회에서 누구도 소외당하지 않고 건강하게 살아갈 토대를 마련하는 데 힘을 쏟음

여러분의 참여로 이 책이 태어납니다.
씨앗과 햇살이 되어주신 분들, 참 고맙습니다.

강정혜 권성실 김나연 김봉구 김아람 김정은A 김정은B 김희정 박봉희 박양희
박왕용 박혜경 백재중 백지민 백지은 변혜진 성창기 심재식 안소정 유기훈 윤주영
이미지 이현의 정일용 정현주 조계성 조원경 최규진   (28명)

일러두기

* 이 글은 한국사회적의료기관연합회(사의련) 서울모임에서 개최한 김혜경 선생님 강연을 정리한 것임

* 강연은 2024년 9월 12일 저녁 7시 관악의료복지사회적협동조합 사무실에서 개최, 온라인으로도 중계됨

* 여기 실린 사진들은 김혜경 선생님이 제공하였고 주석은 모두 편집자가 붙임

* 뒷부분은《교회빈민의료협의회(빈의협) 회보》제3호와 제26호에 실린 '난곡희망의료협동조합' 관련 내용임. 마지막에 실린 〈작은 꿈이 있는 난곡 마을〉은 백방으로 필자를 수소문하였으나 끝내 확인 안 됨

차례

추천사

임종한

한국의료복지사회적협동조합연합회 회장

김혜경 이사장님의 강연을 토대로 만들어진 이 책은 우리 사회의 진정한 영웅 이야기를 담았습니다. 1976년 난곡에서 시작된 난곡희망의료협동조합은 단순한 의료 서비스 제공을 넘어 공동체의 힘과 연대를 보여주는 상징적인 사례입니다.

1970년대 군사독재 정권의 개발정책으로 농촌에서 밀려난 농민과 도시 재개발로 쫓겨난 철거민들이 많이 살았던 난곡. 이곳에 협동조합을 만드는 데 주도적인 역할을 하신 김혜경 이사장님은 창신동에서 지역 활동을 시작한 후 난곡으로 옮겨 활동을 이어가며 지역주민들과 함께 1976년 난곡희망의료협동조합을 설립했습니다.

가난과 어려움 속에서도 주민들과 함께 협동조합을 설립하여 지역주민들이 절실히 필요로 했던 의료서비스를 제공한 결과, 난곡희망의료협동조합은 많은 사람에게 희망과 생명을 주는 소중한 존재가 된 김혜경 이사장님, 이분의 헌신과 리더십이 오늘날 관악정다운의료사협으로 이어져, 여전히 많은 이들에게 건강과 행복을 선사하고 있습니다.

1991년 관악구 기초의원에 당선되어 지역을 위해 의정활동을 펼치고, 2004년에는 민주노동당 대표를 역임하고, 현재 관악 의료복지사회적협동조합(의료사협) 이사장을 맡고 계신 이분의 생생한 이야기가 이 책에 술술 풀려 여러분들게 전해질 수 있음을 믿습니다.

공동체 문화가 건강에 영향을 끼친다는 대표적인 사례로 '로제트 마을' 이야기를 들 수 있습니다. 미국 펜실바니아 로제트 마을은 이탈리아 이민자들이 미국으로 건너와 모여 살던 지역인데, 지역주민들은 본래 살던 이탈리아 남부지역 로제트 발포토레의 이름을 따와, 새롭게 정착하는 곳을 '로제트 마을'이라 불렸습니다. 1960년대 마을 주민들을 진료하던 의사들은 신기한 현상을 발견하는데, 바로 로제트에서는 유달리 심장병으로 사망하는 비율이 낮다는 것입니다.

로제트 마을에서 1.6Km 떨어진 같은 이민자 마을 방고 (Bango)는 같은 식수원을 쓰고, 같은 병원을 이용합니다. 조건 이 비슷한 방고와 비교할 때도 로제트 지역주민의 심장병 사 망률은 방고의 절반도 되지 않았습니다.

"왜 로제트에 심장병 발생이 낮은 것인가?" 질문을 가지게 되었고, 연구자들은 원인을 온전히 이해하지 못한 채 1964년 미국의사협회지(JAMA)에 로제트 마을의 심장병 사망률에 대 한 논문을 냅니다. 로제트 마을의 심장병을 다룬 이 논문이 로제트 마을의 낮은 심장병 사망률에 관련한 논쟁으로 이어 집니다. 로제트 마을에 대한 연구 결과를 반박하는 여러 논문 도 발표되었는데, 역시 "근거가 없다"는 내용이었습니다.

공동체에서의 사회심리적인 요인이 심장병 발병에 영향을 줄 수 있다는 주장은 처음에는 받아들여지지 않았지만, 브룬 과 울프 박사는 1964년 논문을 낸 후 30여 년에 걸친 지속적 인 연구를 통해 공동체의 사회심리적인 요인들이 심장병 발 병에 관여한다는 것을 규명해냈습니다. 사회적인 인자가 심 장병을 유발할 수 있다는 사실을 규명한 첫 사례입니다.

그러면 로제트 마을은 다른 지역과 무엇이 달랐던 것일까요? 로제트 마을에는 니스코 신부라는 훌륭한 지도자가 있었습니 다. 니스코 신부는 여러 사람과 협력하여 로제트 주민들이 상부상조하는 마을 고유의 문화를 만들어갑니다. 마을 사람 중 누군가가 죽으면, 이전에 있었던 갈등은 뒤로 하고 죽음을 함께 애도하도록 했습니다. 부모가 사망하면 그 집의 아이들을 공동체가 함께 돌보아주는 무언의 약속을 지켜나갔습니다. 가족을 잃은 사람들은 식량과 돈을 제공받을 수 있었고, 가족들이 경제적으로 파산했을 때 그 가족들을 돕는 것이 공동체가 해야 할 역할이라고 했습니다.

니스코 신부는 채석장에서 근로자들이 극단적인 저임금으로 고통을 당하자, 직접 노조위원장이 되어 근로자들의 임금 인상 파업을 주도하기까지 합니다. 니스코 신부의 헌신적인 노력과 로제트 마을 공동체의 노력으로 지역주민들은 심장병 사망률이 현저하게 낮을 정도로 편안한 삶을 영위할 수 있었습니다. 사람들 사이에 건강한 관계망이 구축되면, 심장병 등 제반 질병을 예방하는 효과를 거둘 수 있는 것입니다.

로제트 마을에 니스코 신부님이 계셨다면, 난곡에는 김혜경 이사장님, 이 책에서 주로 언급되는 이름 '사라 선생님'이 계시기에 비로소 난곡희망의료협동조합이 있습니다.

김혜경 이사장님께서 시작해 주신 의료협동조합은 급격히 고령화되고, 양극화된 사회, 건강권이 불평등한 한국 사회에서 사람과 사람 사이에 건강한 관계망을 만들고 질병 발생 원인을 사전에 제거해서 지역주민들 모두를 건강하고 행복하게 만드는 일을 확산시켜 나아갈 수 있는 길입니다.

세계보건기구에서는 사회적 고립과 외로움을 위중한 공중보건의 위험 요인이라고 정의했는데, 사람과 사람 사이에 관계망을 만들어 이 시대의 병인 외로움을 해결해 나가야 합니다.

난곡희망의료협동조합은 난곡에 가난한 이들이 한 달에 100원을 내는 계에서 시작했지만 10년 후엔 우리의 건강과 생명을 지킬 수 있는 병원, 요셉의원을 설립합니다. 이 모든 것이 가난하고 힘이 없지만 서로 협동하고 힘을 모아 뜻을 가진다면 이루지 못할 것이 없음을 보여줍니다. 이는 무엇보다 김혜경 이사장님이 가난한 이들의 울타리가 되어주시고, 서로를 지키는 관계망을 형성해 가능한 일입니다.

한국의 의료체계에서 의료사협이 새롭게 구축해가는 의료돌봄의 공공성이 환자와 의료진, 보건당국과 지역사회, 지역의료기관과 지역주민 사이의 실질적인 협력이 가능하도록 함으로써, 지역사회의 다양한 보건의료 의제들을 혁신적이고 효율적인 방안을 통해서 해결할 수 있습니다.

이 책으로 김혜경 이사장님이 지역사회에서 행하신 귀한 일들이 소중히 기억되길 원합니다.

난곡희망
의료협동조합을
시작하다

오늘 난곡희망의료협동조합에 대해 얘기를 좀 할까 합니다. 사진은 제가 1973년도에 처음 난곡에 들어갔을 때 모습입니다. 철거가 이루어지는 2004년까지 저 모습 그대로 똑같습니다. 밑에서 위로 올라가면서 집들이 많이 모여 있는데요. 6천 700세대가 모여 살며 인구는 한 3만 2천 명 됐어요. 저렇게 좁은 데서 말예요. 한 집에 5명, 많은 집은 한 10명 정도가 같이 사니 인구밀도가 굉장히 높았죠.

당시 저런 지역에는 공동 수도가 4개 정도뿐이어서 관악산에

1973년 난곡동 전경

서 개인적으로 수도를 파서 물 한 지게에 10원씩 받고 물장사를 하는 사람도 있었답니다. 그러니 사람들은 제대로 물만 먹고 살아도 좋겠다는 소원을 가질 정도였어요.

우선 이 지역은 1965년도 한강이 범람하는 홍수가 났을 때, 이촌동 쪽에 있던 한강변 둑방에 사시던 분들을 맨 꼭대기로 이주시킨 곳이고요. 1967년도에 구로박람회가 열리면서 대방동 둑방하고 안양천, 도림천에 있던 사람들 집을 철거해서 집단으로 이주를 시켰고, 1969년도 이후에 서울시에서 도심지 재개발 사업 때 중랑천과 청계천에서 사는 분들을 집단 이주시키면서 그야말로 철거민들이 모여 사는 '대단위 집단 빈민 지역'입니다.

저는 1973년도에 가톨릭 신학대학 학생들 6주간 현장 체험 겸 훈련을 위해서 이 지역에 들어오게 됐어요. 살기는 창신동에서 살았고요. 동대문구 창신3동에서 한 5년 동안 활동가로서 살며 김수환 추기경님께서 말씀하신 신학생들 교육을 담당했지요.

원래는 청계천에서 하려고 했는데 당시 긴급조치, 유신 이런 문제가 생기면서 청계천에서의 훈련이 어렵게 돼서 난곡동으로 오게 됐습니다.

6주간의 신학생들 훈련 후에도 제가 계속 창신동에서 난곡으로 왔다 갔다 하면서 활동을 했고요. 특히 천주교 신자들 중심으로 가정 방문도 하고 지역도 돌고 이러면서 주민들을 사귀기 시작했는데, 다니다 보니까 하루 종일 다녀도 점심을 먹는 집이 없는 거예요. 제 딸하고 저하고 같이 다니면서 라면이라도 같이 끓여 먹어야지 싶은데 점심 먹는 집이 없어서 쫄쫄 굶고 저녁에는 창신동까지 다시 가야 되니 너무 배가 고팠어요.

그래서 하루는 맨 꼭대기에 사는 아이 엄마들과 얘기하면서 우리 점심 한 끼라도 좀 먹고 사는 것을 해보면 어떠냐고 이야기했지요. 한 달에 100원씩을 걷어서 국수 먹는 날을 정해 '국수 계'를 시작했습니다. 제가 '국수 모임'을 하자는 말을 내었더니, 엄마들 말씀이 '모임'이 아니라 우린 '클럽'으로 하시겠다는 거예요.(웃음) 그래서 '국수 클럽'이 됐습니다.

15명의 엄마들이 모여서 시작한 국수 클럽, 이 시작이 바탕이 돼서 나중에 지역사회에서 어머니들이 중심이 되고, 여러 가지 일들을 해결해 나가는 주체가 되기도 했습니다.

저는 창신동에서 계속 애를 데리고 다니면서 활동하기가 어려웠고 둘째를 임신하고는 몸이 무거워 더 힘들었습니다. 일단 둘째를 낳고 나서 100일이 지난 후에 1974년 6월 15일 난곡으로 이사를 왔습니다.

그해 여름에 서울의대 가톨릭 학생회에서 연락이 왔어요. 지도 신부로 계시던 김중호 신부님께서 학생들이 가난한 지역에 가서 주말 진료를 하고 싶어 하는데 그런 지역 있으면 소개해

1976년 3월 13일 난곡희망의료협동조합 창립 후(관악교회) 진료를 받기 위해 기다리는
조합원들

달라고 말이죠.

"신부님, 제가 지금 난곡에서 살고 있으니까 다른 지역에 가지
말고 난곡에 와서 보시고, 마음에 드시면 활동을 같이 합시다."

이렇게 말씀드렸더니, 9월 1일 서울의대 가톨릭 학생회 신
임 회장단하고 신부님하고 지도 교수하고 몇 분이 같이 나와서
지역을 둘러 봤습니다. 답사하면서 너무들 놀라는 거예요. 이
런 지역이 서울 시내에 있었구나, 이렇게 많은 사람이 모여서
정말 1미터도 안 되는 골목길을 사이에 두고 살고 있는데 이걸
몰랐다. 여기다, 이곳이 좋다, 하시는 거예요. 9월 1일에 답사를
나와서는 보고 9월 15일부터 바로 주말 진료를 결정했습니다.

난곡에 처음 들어간 74년에서 시간이 지난, 76년 3월 13일
난곡희망의료협동조합을 창립하는 날 사진입니다. 그날 관악

1977년 제1차 난협 정기총회

교회에서 창립을 마치고 나와서 엄마들이 남부고등공민학교[1]에서 진료를 보기 위해서 기다리면서 찍은 사진인데, 사진기가 많지도 않고 좋지 않을 때여서 흑백이고 게다가 좀 흐릿하게 나왔습니다. 난곡희망의료협동조합이 118세대가 모여서 시작했는데, 그때 함께하셨던 조합원들입니다.

사진에 저희집 마당이 나오네요. 난곡희망의료협동조합을 창립하고 나서 첫 번째 하는 정기총회였습니다. 저희 집 마당에서 저렇게 창립총회를 하는 데 지역사회 유지들을 초청했더니 파

1. 공민학교는 학령을 초과한 사람에게 생활에 필요한 내용을 가르치기 위해 설립한 교육기관. 1946년 5월 〈공민학교 설치 요강〉이 제정되면서 정규 교육과정으로 인정됨. 남부고등공민학교는 1975년 개교하여 중고등 과정을 교육. 1982년 야간으로 전환해 운영하다가 2000년 남부야학으로 전환, 2001년 남부교육센터로 이름 변경

출소 소장님, 동사무소 동장님 그리고 부녀회장님 이런 분들이 찾아오셔서 축하와 격려를 해주셨습니다.

보시면 알겠지만 저희 집도 허름한데 다른 집보다 조금 마당이 넓은 이유는 저기 참가자분들이 앉아 계신 자리, 하천이었던 걸 복개하고 마당을 넓혀서는 거기서 그냥 진료를 했어요. 저 마당이 진료하기 전에 접수를 하는 대기실 역할을 했습니다.

진료는 마루에서 하고 조그마한 방이 3개였는데 가운데 방이 약국, 작은 방 하나는 산부인과로 쓰고 그 다음 안방은 대합실로 환자들이 오거나 추울 때 어르신들을 안방에서 기다리게 하는 자리로 사용했습니다.

가을소풍 사진입니다. 우리 어머니들이 아주 곱게 차려입고 생전 처음 소풍이라는 곳을 가봤어요. 맨날 관악산만 올라다니

난곡희망의료협동조합 가을소풍

다가 처음으로 차를 타고 한번 나가보고 싶다 하셔서 모처럼 버스를 타고 도봉산까지 멀리 나들이를 갔습니다. 엄마들이 소풍 간다니까 전부 한복들을 곱디곱게 차려입고 막걸리 사 가지고 가서 한 잔씩 먹고, 계절이 가을이라 감도 같이 나눠 먹고 아주 좋은 자리를 만들었다고 너무들 신이 나서서 기뻐하시는 모습이고요. 사실 저 사진 찍힌 모습 옆에서는 춤도 추시고 노래도 부르고, 모두가 너무너무 해방을 느끼는 그런 자리였습니다.

난곡희망의료협동조합이 생기면서 우리 조합원들이 함께 공동체로 움직이면서 나들이도 가고, 진료 활동도 돕다 보니까 자연스럽게 지역에서 서로 돌봐주는 관계, 서로 알음알음 이웃 관계가 마치 형제처럼 되는 시간을 많이 갖게 됐어요.

1차 지역사회 여름학교 실시_우리 집 마당

77년도 1차 지역사회 여름학교 실시했을 때 모습 사진입니다. 난협이 76년도 3월 13일에 창립하고, 한 달에 한번씩 대표자 모임을 했어요. 모여서 우리가 지금 가장 우선해야 될 일이 뭔지, 뭐가 제일 불편한지를 얘기하다가 마침 애들이 방학 때였는데 어머니 한 분이 이런 말씀을 했어요.

"나는 우리 애들이 방학을 해 가지고 학교 갈 날짜가 되면 가슴이 다 두근거린다. 왜? 애들 방학 숙제,《탐구생활》이란 걸 보면 내가 가르칠 게 아무것도 없다. 너무 몰라서 이걸 어떻게 했으면 좋을지 모르겠는데 애들이 그냥저냥 한 달 내내 여름방학이라고 놀다가 숙제를 아무것도 못하고 학교 가면 선생님이 혹시 나를 부르지 않을까 이런 걱정이 돼서… 그래서 제일 하고 싶은 게 뭐냐 하면, 애들 방학 때 애들 방학 숙제를 좀 해서 학교 보내는 거! 이게 내 소원이다." 이러시는 거예요.

그렇다면 난협에서 뭘 하면 되겠는가 얘기된 것이, 개학 일주일 전쯤 모여 애들 숙제를 공동으로 하며 같이 해결하면 어떻겠느냐는 의견이 나왔지요.

77년 8월 15일부터 22일까지 일주일 동안 우리 협동조합에서 '지역사회 여름학교'라는 것을 열자. 우선은 협동조합의 자녀들 중심으로 하자. 장소는 우리 집에서 진료를 하니까 우리 집에 모여서 하는 걸로 하자, 이렇게 된 거지요.

77년 첫 번째 지역사회 여름학교를 했는데, 당시 '국민' 학교

1977년도 지역사회 여름학교

라고 불렀던 초등학교 1학년부터 3학년까지는 9시부터 12시까지, 오후 2시부터 6시까지는 4학년에서 6학년. 저녁 7시부터 밤 9시까지는 중학교 1~3학년. 이렇게 일주일 간 지역사회 여름학교를 열어서 숙제나마 챙겨서 학교를 보냈더니만 엄마들이 이걸 하면서 너무 해방감을 느끼는 거예요. 이제 진짜 걱정이 없어졌다고, 생전 애들 지도도 못 해주고 아무것도 못 해줬는데 애들이 이제 숙제도 해 가고, 선생님이 부르면 난 당당하고 떳떳하게 가서 만날 수 있다고 말예요. 엄마들이 굉장한 해방감을 느끼면서 좋아한 이 사업을, 약 11년 동안 해마다 빼먹지 않고 난협이 계속 해왔습니다.

사진 속 장소를 보시면 아시겠지만, 우리 집 마루하고 마당이에요. 1~2학년 애들은 마루, 3학년 애들은 밖에서. 그 다음에 있는 사진 아이들은 말이죠, 저기가 우리 장독대예요.(웃음)

장소라고 어디 특별한 곳들을 찾는 게 아니라 가능한 곳들을

22

지역사회 여름학교_남부고등공민학교 교실

활용하다 보니까 우리 집 방만 아니고 저런 데서도 애들을 가르쳤어요.

일주일 후에 애들이 다 방학 숙제를 제대로 해가지고 갔어요. 《탐구생활》에서 제일 중요한 게 뭐였느냐 하면 자연관찰, 실험 같은 거였어요. 근데 애들이 실험하고 관찰하는 걸 혼자서 못하니 공동으로 모여서 하게 되니까 너무 좋아하고 너무 잘 되는 거예요. 그리고 미술이나 일기 쓰는 것도 함께 모여서 하니까 애들이 잘하는 거죠.

그때부터 정말 여름학교 그러면 우리 대표님들 그냥 모든 일 나가는 것도 끊고 다 와서, 봉사하는 교사들 밥 해주고 애들 뒷바라지 해주는 등 이런 정성을 다해 애들 교육에 참여했던 것

지역사회 여름학교_남부고등공민학교

같습니다. 저기 보니까 우리 아들도 있네요.(웃음)

그리고 나중에 우리 의료협동조합의 애들만 할 수 없다, 다른 애들도 많이 오고 싶어 한다, 해서 장소를 구했어요. 종점에 있던 남부고등공민학교를 빌려 거기 교실에서 하게 됐죠. 애들 반별로 따로따로 앉혀 놓고 자원봉사 선생님들이 가르쳤어요. 처음에는 가톨릭사회복지회[2]하고 연계해서 자원봉사 교육을 시켜서 교사를 하게 했는데, 나중에는 난곡동 천주교의 빈센치오 청년들을 교육해서 해마다 와서 봉사를 하게 했습니다.

그때만 해도 빈민 지역에서 아동 교육에 대한 문제를 해결할

2. Caritas SEOUL, 서울가톨릭사회복지회는 '사회 속 가톨릭교회'를 표방하며 1976년 김수환 추기경이 설립. 서울지역 가톨릭 사회복지 활동을 대표하는 사회복지법인임

1983년 4월 양살구 심기

방법을 못 찾았는데, 우리가 처음으로 지역사회 여름학교를 하고, 이를 토대로 나중에 공부방들이 생겼어요. 각 빈민 지역, 가난한 동네에 공부방이 되고 지금은 제도적으로 청소년 문화관이나 청소년 센터로 발전하게 된 거죠.

77년도에 시작한 지역사회 여름학교가 지금 청소년회관이나 센터로 제도적으로 정책적으로 만들어지게 되니까 너무 잘 됐다고 생각하는데, 그때 당시에는 정말 보기에도 너무 허름했지요. 그래도 애들이 다 집중하는 모습 보이시죠? 학교에서 공부할 때보다 훨씬 집중하고 있는 것 같습니다.(웃음)

이런 사업을 의료협동조합이 자발적으로 대표님들과 조합원들이 모여 같이 하면서 난곡희망의료협동조합, 난협이 진료만

하고 끝나는 것이 아니라 애들 교육과 지역사회 문제들까지 관심을 갖고 함께 해나가는 역할을 하게 됐습니다.

이것도 지역사회 여름학교를 남부고등공민학교에 모여 공동으로 오락 시간을 갖는 모습입니다.

난협 활동을 하면서 우리가 경제적으로 자립을 하려면, 나름대로 지역사회 안에서 복지관도 만들고 그러려면, 주민들이 뭔가 주체적이고도 당당하게 생산해내야 되지 않느냐 해서 나온 방안이 '양살구 심기'였어요. 살구나무를 심고 해마다 살구를 팔아 경제적인 도움을 좀 받도록. 그래서 신협도 같이 하게 됐어요. 신협 교육도 하고 돈은 1원부터 받기 시작해서 거의 1년이 안 돼서 한 500만 원 정도의 자금이 생길 정도로 열심히 했습니다.

신림복지관과의
협력과 갈등

저희가 열심히 협동조합 운동을 해서 지역사회 안에서 역할들을 많이 하고 있을 때였어요. 어느 날 갑자기 한강성심병원 송호성 원장님이 우리 진료하는 데 와서 보더니 물어요.

"여기 하루에 진료를 몇 명이나 합니까?" 그래서 80명에서 120명 정도라고 그랬더니 "그러면 우리가 의사하고 간호사하고 약품 다 보내서 매일 진료를 하면 어떻겠느냐?" 그러더라고요.

주민들한테 너무 좋은 일이고, 또 많은 사람이 와서 진료를 받을 수 있으니까 좋을 것 같았죠.

그렇게 얘기가 오고 간 후 뜬금없이, 그 해가 81년도였는데, 그해 11월 1일 《한국일보》에 '한강성심병원에서 관악 신림7동에 무료 병원을 짓겠다, 복지관을 짓겠다'고 크게 났어요. 그걸 보고 엄마들이 깜짝 놀라서 이게 도대체 어떻게 된 거냐며, 왜 신림복지관이 갑자기 난곡에 오겠다는 거냐, 다른 지역도 많은

데. 이건 그냥 놔두면 안 되겠다 해서 어머니 대표들하고 한 15명이 몰려가서 송호성 원장을 만나 얘기를 했어요.

그랬더니 송호성 원장이 "아니 그렇게 해주면 좋은 거 아닌가요? 주민들한테 무료로 해주면 돈도 안 드는데 대체 뭐가 걱정입니까?"

여러분께 말씀드렸듯이 5년 동안 여기 주민들이 자체적으로 해왔던 겁니다. 우리는 처음부터 100원짜리로, 일주일치 처방을 받고 약을 지어가도 100원으로 했어요. 난협을 만들어서 조합을 운영하는 데 조합원이 세대 별로 한 달에 100원. 100원짜리 '인생'으로 시작을 했어요. 100원짜리를 모아서 뭘 하느냐면, 진료를 통해서 받은 돈은 우리 조합원들, 또 주민들 중에서 급하게 비싼 약을 써야 될 때 돈이 없으니까, 그 약을 학생들이 서울대학병원에서 구하지 못하고 나와서 따로 사야 될 때 돈이 필요하니까, 그것을 재투자해서 고쳐주도록 했던 거였어요.

회원들이 모은 100원은 난협에서 기금으로 모았고 그 돈을 가지고 지역사회 여름학교도 하고 우리 자녀들 중에 중학교를 가야 하는데 돈이 없어 못 간다면 장학금으로 등록금을 대주기도 하고, 남부고등공민학교에 있는 애들이 검정고시 보고 고등학교 가고 싶은데 형편이 안 되는 애들을 위해서 장학금으로 지원해 주는 사업을 했어요.

협동조합 회원들의 마을 봉사 활동

그동안 모은 돈으로 그렇게 해왔는데 그쪽에서 와서 그냥 무료로 해주면 더 좋지 않으냐, 많은 주민한테 공짜로 해주는데 돈도 안 들고 좋지 않으냐, 그렇게 나오는 거예요. 우리는 비록 100원짜리지만 공짜는 싫어한다고 엄마들이 한 3일 동안 싸웠어요. 계속 가서 싸웠지요. 그러다 한 일주일 후에 한강성심병원에서 통지가 왔어요. 공청회를 하자고, 공청회를 통해 결정나는 대로 하겠다고 말이지요.

그래서 서울대학교 교수님들하고 가톨릭사회복지회의 안경렬 신부님이 토론자로 공청회에 참석했어요. 왜냐하면 우리가 가톨릭 쪽하고 관계가 있으니까. 그리고 관악구청장, 주민 중에서는 새마을부녀회장, 새마을회장, 바르게살기 이런 관변 단체장들을 쫙 모았고, 난협에서는 10명만 참석을 하라 하길래, 왜 10명이냐 우리 15명이 가겠다, 그렇게 공청회에 갔지요. 하여튼 서울대학교 교수들도 그렇고 난협이라는 게 뭔지를 모르니까 설명을 다 해드렸어요. 그랬더니 사회복지학과의 한 유명한 교수님 한분이 "아니 세상에 이렇게 가난한 사람들이 자발적으로 하는 데가 있느냐, 몰랐다"며 깜짝 놀라시며 말씀하시는 거예요.

안경렬 신부님은 처음부터 관계가 있었으니까 잘 아시는 상황이었죠. 하여튼 한강성심병원이 들어와 무료로 하는 것에 대해 모든 교수님들이, 지금 사회복지학이 주민들이 자발적으로 그리고 주민들의 잠재적인 능력을 통해 자신들의 삶을 바꾸고 지역사회도 바꿔나가는 방향으로 간다, 세계적인 추세가 그렇다는 설명을 했어요. 그때가 언제냐면 81년 11월 13일이에요. 전태일 열사의 기일입니다. 제가 그래서 기억합니다.

그날 공청회를 하는데 가톨릭사회복지회 안경렬 신부만 당시가 동네에 슈퍼가 막 생기기 시작할 때여서 빗대어 말하기를, "슈퍼마켓이 생기면 조그마한 구멍가게는 자동으로 없어진다"는 거였어요.

우리가 화가 나서 "아니 신부님이 어떻게 그렇게 말씀하실 수 있어요. 가톨릭사회복지회 그동안 우리 많이 도와준 거 알지만, 아무리 구멍가게라 하더라도 먹고 살아야 되고 생존이 걸린 문제면 슈퍼마켓이 생겼다고 그냥 물러날 수 없는 거지요. 우리는 우리 나름대로 살 방법을 찾아야 하지 않나요" 그렇게 얘기했어요. 신부님이 어떻게 저리 말씀을 하시냐며 엄마들이 화가 나서 "신부님, 이제 우리 동네 오시지 마세요!"라고 소리 지르고 막 그러셨어요.

결론이 어떻게 났냐 하면 말이죠, "이런 난협 같은 데가 있으면 한강성심병원이 들어가서 무료 진료할 것이 아니라 난협이 발전하도록 지원하는 게 맞다. 당신네는 돈은 안 받는 거지만 협동조합이 어떻게 더 발전할지 그것을 위해 지원하는 게 목적이지 당신네 사업을 하는 건 아니다. 그건 절대로 안 된다. 만약에 그걸 하고 싶으면 신정동을 가든지 다른 동네를 가라. 왜 난곡에 오느냐?"

그렇게 교수님들이 다 정리를 해줬어요. 그래서 한강성심병원에서는 조금 더 생각을 해보는 것으로 하고 공청회는 끝났지요.

그날 우리 집에서 북 치고 장구 치고 하면서 큰 잔치를 벌였어요. 우리가 이겼다, 이제 한강성심병원 못 들어온다, 이러면서 잔치를 했습니다.

그런데 잔치하고 나서 한 보름 정도 지나 한강성심병원에서 연락이 왔고 우리를 불렀어요.

"좋습니다. 여러분들이 원하는 대로 우리는 매일 의사 간호사에 약과 사회복지사까지 다 지원해 드리겠습니다. 복지관을 지원하겠습니다. 난협이 발전하도록 지원하는 대신, 발전 단계에서 자립 가능하다고 할 때 우리가 물러나겠습니다"라는 약속을 했어요. 그리고 자매결연을 하게 됐지요.

1981년 12월 8일, 복지관 측에서 다 준비해놨더라고요. 장소까지. 목욕탕 2층으로. 난곡에는 목욕탕이 종점에 있었는데 그 목욕탕 말고 또 위에 새로 지은 목욕탕이 조그만 게 있었거든요, 거기 2층 한 30평 되는 곳을 복지관으로 쓴다는 거였어요.

난협은 여기에 들어와서 운영을 맡아라. 접수도 하고 그렇게 운영하는 걸 맡고, 한강성심병원은 모든 걸 다 댄다. 그래서 일을 했어요.

난협의 방식대로 일주일씩 약 주는 거를 3일만 주라고 했어요. 병원 시스템이 그렇다고. 그러면 3일 약을 가져가고 300원을 내되 우리 회원들 조합비는 그대로 100원씩 내는 걸로 했어요. 이런 자발적인 운동을 해서 300원씩 약값 받고 다음에 2차로 무슨 검사를 하기 위해 한강성심병원에 가는 사람들은 200원을 더 받든지 500원을 더 받든지 하는 방식은 난협에서 결정하는 것으로. 그래서 총회를 거쳐 200원씩 걷기로 했어요. 엑

스레이 찍으러 간 사람은 200원, 다른 검사를 더 하거나 입원하게 되면 500원, 이렇게 돈을 걷기로 했어요. 그것을 난협 복지기금으로 모아놓기로 했습니다.

2년을 그렇게 했더니 1,500만 원이 된 거예요. 우리 조합원들이 한 2,200세대가 되니까 그것도 많죠. 이렇게 하루에 환자가 한 100여 명씩 왔다 갔다 하니까 돈도 많이 모아졌는데, 그 돈이 딱 1,500만 원 되니까 관장이 우리 보고 나가라는 거예요. 복지기금을 자기네가 쓰겠다면서. 관장이 자기네가 의사와 약품을 다 가지고 와서 무료로 제공했던 거니까 1,500만 원은 자기네 것이라는 내용증명을 난협에 보내왔어요. 그래서 분쟁이 된 겁니다.

이게 도무지 말이 안 된다, 도대체 우리하고 약속한 것이 이게 아닌데, 그 복지기금 1,500만 원을 쓰려면 난곡희망의료협동조합의 허가를 받든지, 조합이 쓰도록 된 것을 어찌 복지관에서 쓰려는지 따져야만 했어요.

그래서 강남성심병원 윤대원 원장을 만나러 갔어요. 그 분이 복지관 담당이었거든요. 관장하고 말이 안 되니까 우리 대표들이 윤대원 원장을 만나 설명하고 자초지종을 얘기했더니 깜짝 놀라는 거예요.

"아니, 관장이 왜 그런 쓸데없는 소리를 한답니까? 이거는 분명히 난협을 위해 쓰기로 약속한 건데 여러분들 말이 맞아요.

관장이 뭔가 잘못 생각한 것 같습니다."

"그러면 원장님이 나오셔서 조정을 해 주십시오."

그래서 이튿날 원장님이 나왔어요. 관장이랑 간호사랑 다 앉혀 놓은 자리에서 윤대원 원장이 얘기를 했습니다.

"이거는 분명히 난곡희망의료협동조합에서 쓰기로 한 거고, 기금이 마련될 때까지 우리가 지원하기로 했던 겁니다. 1,500만 원 갖고 지금 복지관을 어떻게 짓습니까? 토지 구입도 못하고 여러 가지 어려움이 있을 텐데 이건 안 될 말입니다. 기금은 그대로 난곡희망의료협동조합 거니까 관장님은 절대로

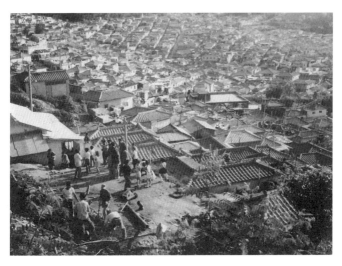

1983년 4월 양살구 심기

1983년 4월 양살구 심기

두 번 다시 그런 얘기하지 마세요. 내용증명서는 없던 걸로 합시다."

이렇게 해서 해결을 봤어요. 대표들 앞에서 약속을 했지요. 그리고 우리 어머니들이 관장님한테 그 자리에서 사과하기를 요청했어요. 사과를 하면 다시 같이 하는 걸로. 그 자리에서 관장이 무릎 꿇고 사과를 했습니다.

그런데 그 이튿날 출근해서 보니까 공고가 붙었더라구요. "우리는 이제 난협하고 같이 안 하고 바르게살기, 새마을금고, 새마을부녀회, 새마을회장 이런 사람들하고, 노인회장 이런 분들하고 같이 일을 한다"고 공고를 써 붙인 겁니다. 윤대원 원장이 왔다 간 그 이튿날. 이게 얼마나 기가 막힌 일인가요.

그래서 윤대원 원장을 또 만나러 갔더니만 없다는 거지요. 안 만나 주는 겁니다. 있는 사람들의 기득권 행태라는 게 이렇게 나타날 수 있는 거로구나, 우리는 여태까지 순진하게 정말 그걸 믿고 받아들이고, 언젠가 이 지역사회를 위해서 더 좋은 세상을 위해서 믿고 따라왔는데 말이죠. 기가 막힌 노릇이었습니다.

앞에서 말씀드린 살구나무도 우리 어머니들이 나서고, 우리 청년들이 나서서 땅을 파고 몇 천 그루를 심었거든요. 해마다 양살구가 나오면 팔아서 기금 마련한다고. 근데 그 양살구 생기니까 복지관에서 자기네들이 다 나눠서 먹고 말았어요. 이런 법이 어디 있냐 말이죠. 가난한 사람들에 대한 가진 이들의 태도가 이게 뭡니까. 우리는 여태 우리끼리 100원짜리 인생으로 시작했어도 그렇게 살지는 않았습니다.

믿음을 통해 여기까지 왔는데, 2년 동안 2,200세대를 만들고, 복지관을 우리 손으로 해나가기 위해 갖은 노력을 아끼지 않으면서, 독일에서 온 단체에서 도와준다고 해도 그것도 안 받고 어디까지나 우리 스스로 하기 위해서, 자립하기 위해서, 남의 도움도 쉽게 받지 않고 어머니들 스스로 결정하고 그랬는데. 세상에 이럴 수가 있냐는 말입니다.

결국 일방적으로 쫓겨나고 말았습니다. 그러니까 83년이죠. 81년 12월 8일 개원을 해서 83년 12월 25일, 우리는 쫓겨났어요. 크리스마스 날. 기금도 모두 다 빼앗긴 채로.

새로운 모색

그때부터 지역에서 '김사라는 빨갱이다' '고정간첩이다'라는 말이 쫙 돌기 시작했어요.

"남부고등공민학교의 없는 집 애들 돈 주고 하는 게 다 북한에서 온 돈을 주는 거다."

난협 대표들이 한 3~40명 되는데 형사들이 대표 집들을 돌아다니면서 남편 불러 가지고 이간질하고. 대표들한테 직접 얘기하는 게 아니라 남편들을 불러내서는 당신 부인이 김사라하고 계속 만나는데, 김사라는 빨갱이어서 잘못하면 당신네가 큰일 난다, 그렇게 하니까 남편들이 얼마나 겁이 나겠어요. 노동자들인데. 그래서 처음에 상황이 굉장히 심각했어요.

우리 남편도 공무원인데, 남편한테도 압력이 많이 들어왔죠. 우리 애들한테까지도. 우리 애들 중 위의 두 애가 난향국민학교를 다니고 막내는 유치원 다닐 때였어요. 큰 애하고 둘째가 학교 갔다 와서는 막 울면서, "엄마 우리 이사 가자" 하는 거예요. 왜 그러냐고 물으니 반 애들이 '너네 엄마 간첩'이라고 한다고. '빨갱이'라고 한다고. 애들이 얼마나 큰 상처를 받아요. 애들이 이사 가자 그래서 내가 그랬어요.

"이사? 우리나라 안에서 어디로 이사를 가든 이사 가는 순간에 엄마는 빨갱이가 되는 거야. 간첩이 되는 거야. 난 못 가. 여기 있어야 내가 간첩이 아니란 걸 주민들이 알고 인정해 주지, 다른 데 모르는 사람들한테 가면 진짜로 간첩이 되는 거야. 이사 못 가, 엄마는. 너희들 이사 가고 싶어?" 그랬더니 애들이 울다 말고 "그러면 가지 말자, 엄마. 이사 가지 말자."

그래서 안 갔어요. 그리고 남편이 "당신, 남부고등공민학교 애들 도와주려고 지원한 돈을 어디서 받은 거야?" 하는 거예요. "아니 난협에서 나간 돈이 장부에 다 있는데, 내가 어디서 받아서 그 돈을 쓰겠어요?" 하며 펄쩍 뛰었지요.

남부고등공민학교가 그때 마루로 된 교실이었는데 오래 돼서 삐걱삐걱 거리고 마루가 다 꺼졌어요. 난협에서 70만 원을 들여 바닥을 시멘트로 다 발라 바꿔줬어요. 그걸 가지고 북한에서 돈을 받았다는 거지요. 아, 그래서 제가 그 유명한 간첩이 됐어요. 빨갱이가 되고.(웃음) 그러거나 말거나. 난 살아내면 되니까.

한두 달 가니까 분위기가 이상해지다가 엄마들이 "야, 김사라가 빨갱이면 우리도 빨갱이냐. 그러면 이제부터 형사들이 오면 우리부터 잡아가라고 해. 김사라 잡아가려면 우리도 잡아가라고. 김사라가 빨갱이였으면 우리도 빨갱이 아냐? 우리도 같이 잡아가라."

엄마들이 이렇게 나온 거예요, 엄마들이. 그러니까 이놈의 형사들이 그때부터는 엄마들한테 이래서는 안 되겠구나, 발걸음을 멈췄어요.

우리는 모여서 앞으로 어떻게 할지 고민했죠. 84년도 요한바오로 2세 교황님이 우리나라로 200주년 기념하러 오시는 해였죠. 그래서 기도하면서 생각했어요. 우리가 신림복지관과 뭔가 잘될 거라고 생각하고 믿고 해왔던 것이 이렇게 됐는데 우리가 여기서 끝나야 되겠는가 한번 생각을 해보자. 그동안 우리는 정말 너무도 열심히 살아왔고 너무도 열심히 지역을 위해서 활동해 왔으니, 우리 1년 동안 안식년을 좀 가져보자고요.

안식하면서 다른 지역을 방문하고 우리가 좀 배울 수 있는 데를 가보자. 1978년 이대 여성문제연구소에서 도시빈민 여성들 교육을 받았는데 이후 계속 연대 활동을 하던 곳들이 있어요. 이런 계기로 복음자리[4]도 가고 시흥2동[5]도 가고 전진상복

---

4. 영등포 양평동 철거민들이 시흥시로 이주하여 개척한 철거민 마을
5. 전진상복지관이 있고 산동네에서는 새봄교회가 도시빈민운동을 활발하게 전개

지관[6]도 가고 또 사당3동에 강명순이 있던 희망교회[7]에도 가서 같이 교육받고. 전주도 갔다 왔잖아. 신협 잘 되는 전주 예수병원에도 갔다 오고. 엄마들과 1년 동안 안식년으로 버스를 대절해 견학도 다니면서 교육을 했어요. 엄마들이 기가 안 죽는 거야. 차 안에서 노래 부르고 춤추고 이러면서 신나게 다니는 거지.

엄마들 1년 동안 쉬면서 생각들을 정말 많이 하시고, 우리도 뭔가 다시 또 하면 된다는 생각을 했어요. 신림복지관 당신들과 안 해도 된다 싶을 때 딱 '송정'이 찾아와 주었으니까요.

서울의대 동아리인데 송정이라고. 이 학생들이 활동할 지역을 찾다가 우리 난곡 얘기를 듣고 찾아왔더라고요. 왜냐하면 '카사'(가톨릭학생회) 팀은 81년도에 신림복지관이 들어오면서 제가 구로3동으로 보냈거든요. 구로3동 천주교회, 살레시오회가 활동하는 곳이니까. 거기도 노동자들이 밀집해 사는 지역이고. 구로3동에서 주말 진료하니까 나는 일주일에 한번씩 거길 갔지요. '카사' 팀 학생들이 진료하는 거 계속 봤어요. 우리가 1년 동안 쉬니까 엄마들과 같이 구로3동에 가서도 일 도와주곤 했지요.

---

6. 국제가톨릭형제회(AFI)에서 운영하는 복지관. 전(全)은 온전한 자아봉헌, 진(眞)은 참다운 사랑, 상(常)은 끊임없는 기쁨의 정신을 의미
7. 감리교신학대학교 출신 정명기 목사가 1975년 10월, 사당3동 산동네 판자촌에 세운 교회. 희망유치원, 새희망신용협동조합 운영 등 판자촌 빈민들을 위한 활동 펼침. 강명순은 정명기 목사 부인

'송정'은 이대 약대, 서울대 의대와 치대 그리고 간호대가 뭉친 팀이에요. 들어보셨는지 모르지만 '송정'도 유명해요. 교수님들 유명한 분들이 계시더라고요. 하여 잘됐다, 그러면 너희들 와서 해라. 85년 3월 1일부터 바로 다시 주말 진료를 시작했어요.

84년 1년 쉬고, 85년 3월 새 학기부터 다시 학생 들이 주말 진료를 시작했습니다. 우리 조합원들이 딱 다시 뭉치기 시작해서 85년도 1년 학생 진료를 하면서 생각했지요. 기득권을 가진 신림복지관이 와서 우리 등쳐먹고 갈취한 1,500만 원 그거 가진 놈들한테 돈인가요. 가난한 사람들의 피를 빨아먹고 낯짝 두껍게 계속 나오는 모양이라니. 그렇다고 저거를 내쫓자니 똑같은 사람 될 것이고, 그래도 저들도 사람들이니 그냥 내버려두자고 했어요. 우리 엄마들 사이에서 '신림복지관 쪽으로는 머리도 안 두고 오줌도 안 눈다'는 말이 유행했지요.

그런데 학생들이 다시 진료 나오니까 또 활기차게 대표 모임 가지며 얘기 나온 게 뭐냐 하면, 신림복지관에서 한번 그렇게 당했으니, 학생들이 진료 나왔다가 만약에 무슨 일이 있어 또 떠나게 되면 그다음엔 우리 어떻게 할 거냐? 방법은 뭐겠느냐? 논의하게 됩니다.

협동조합 병원을
만들자

우리가 원하는, 우리가 마음 놓고 같이 활동할 병원을 만들자, 클리닉을 만들자, 그래서 시작한 게 '요셉의원' 설립 계획이었죠. 그러니까 85년부터 시작된 거예요. 1년 동안 학생 진료를 하면서 학생들과도 그 얘기를 같이 나눴고요. 좋다, 난곡희망의료협동조합이 이렇게까지 하겠다니 학생들도 많이 도와줬어요. 자신들도 끝까지 함께하겠다면서요. 병원이 돼서 옮길 때까지 학생들은 주말마다 진료하겠다면서 굉장히 열심히 와서 도와주었어요.

1986년 4월 20일, 난협이 10차 정기총회를 하면서 이 결의를 선포하게 됩니다. 남부고등공민학교에서 가졌는데, 그날 약 300명이 모였어요. 외지에서도 많이 오고 복음자리에서도 왔고, 기빈협(기독교도시빈민선교협의회)에서도 오고 천도빈(천주교도시빈민회)에서도 오고 모두 다 왔습니다. 다들 와서 같이 축하해주고 국수 끓여서 함께 나눠 먹고, 장구 치고 놀고, 그날 아주

1986년 4월 20일, 10차 정기총회의 조합원과 가족들

신나게 했어요.

　이야아~ 이제 우리 병원을 만드는 거다! 이렇게 결의를 하고 나서는 난협이 병원 만드는 걸 목적으로 모금 운동도 해야 되고 더 열심히 해야 된다, 그 대신 '송정' 팀은 우리를 더욱 도와 달라 그런 분위기에서 정말 신났습니다.

　정기총회를 열심을 다해 마친 후에 86년도 5월부터 모금 운동을 시작했습니다. 실로 가난한 난협에서 100원짜리, 200원짜리 모금하면서 우리 스스로 모았어요. 그 모금으로 장학금도 주고 하면서도 한 천만 원 돈이 또 모였어요. 모금으로 모아진

제10차 정기총회 모습

거예요. 물론 다른 데서 후원회비로 주시기도 했고요. 특히 바자회를 많이 했어요. 대학교별 축제 때 엄마들이 가서 주점도 하고, 명동에서 바자회 열어서 열심히 돈을 벌었어요. 그래서 천만 원을 모은 거예요.

자, 그렇다면 병원을 만드는 데 협동조합에서 어떻게 기금을 조성할 것인가? 우리가 가진 천만 원 자산에서 500만 원 내놓자. 500만 원 내놓고 모금을 시작하자. 우리가 아무것도 안 내놓고 '도와주시오' 하면 누가 도와주겠느냐. 500만 원 내놓고 500만 원은 또 다른 사업을 해야 된다. 애들 지역사회 여름학교도 해야 되고, 엄마들 수련회도 가야 되고, 교육도 해야 되고.

그러니 운영기금으로 반 남겨 놓고 병원을 시작하자 이렇게 됐어요.

그때 실은 난곡동 천주교회의 강우일 신부님[8]이 본당 신부로 와 있을 때예요. 강 신부님하고는 오래 전부터 친하게 지냈고 특별히 가난한 사람들에게 관심이 많은 분이기에, 오시자마자 제게 난협 잘 되느냐고 물어보시더라고요. 그래서 그간의 정황, 신림복지관의 행태 모두 말씀드렸더니 한숨을 푹 쉬시면서 한마디를 하시는 거예요.

"그래, 부자들은 믿을 만한 사람들이 못 돼요." 이렇게 묵직하게요.

그때부터는 가난한 사람들은 믿어도 부자는 안 믿겠다는 마음, 기득권에 대한 생각을 다시 새기고, 가난한 사람들끼리 서로 믿고 힘을 내서 잘 해야 한다고 여겼어요.

어쨌든 강우일 신부님이 본당 신부로 계시다가 6개월 만에 주교님이 돼서 다시 명동으로 가셨는데, 이 병원을 만들려는 계획에 대해 잘 알고 계시고, 제가 보고를 다 드려서 주교님이 참 많이 도와주셨어요.

가난한 사람들이 이렇게 힘을 모아 병원을 세우고자 하는 의

8. 1945년 서울 출생. 1974년 사제 서품 받고 1985년 서울대교구 보좌주교로 임명. 2008년부터 6년간 한국 천주교 주교회의 의장을 역임. 2002년 제4대 제주교구장으로 임명되어 18년간 재직하다가 2020년 퇴임. 제주교구장인 동안 4.3 참상을 알리고 치유하는 데 힘쓰고 강정 해군기지, 제주 2공항 반대 등 제주의 평화와 생태 환경을 지키는 데 앞장섬

미를 알고, 가톨릭 신문과 평화신문, 평화방송, KBS 이런 언론에서 소식을 듣고 와서 많이 보도해줬어요.

부산에서는 러시아 신부님이 한번 전화해 주셨는데 "러시아 정교회예요, 가톨릭 아니고요!" 강조하시면서(웃음)-몇 백만 원을 보내주셨어요. 한국에서 가난한 사람들이 모여 이토록 자발적으로 해나가는 걸 처음 봤다 하시며.

평생 바느질을 해오신 할머니가 성금 보내 주시고, 또 한평생 김밥을 말아서 팔아온 아주머니가 부산에서 대구에서 보내주셨어요.

1987년 8월 29일 '요셉의원' 개원

이렇게 각지에서 모금을 해나가는 중에 우리가 사전 조사를 해보니 클리닉이란 게 한 1억 2천을 가져야 시작을 하겠더라고요.

자, 그럼 1억 2천만 원을 어떻게 모을 거냐? 그래서 그때 대책위원회를 구성했습니다. 대책위원회 사람들이 주로 가톨릭 쪽에서 활동하시는 분이고 성남에서 일하는 수녀님 등 1억 2천을 모으는 데 가톨릭 쪽에서 상당히 많이 도와주셨어요.

특히 여기 난곡동 넘어 신림동, 지금 삼성산 바로 밑에 '사랑의 집'이라고 있는데 거기의 아일랜드와 뉴질랜드의 신부님들, 골롬반회 신부님들이 같이 생활하고 선교하고 계셨지요. 그 신부님들이 본국에 가서 모금을 해 오셨어요. 그래서 병원 만드는 기금을 빨리 모으기가 가능했습니다. 한국에서만 했으면 안됐을 거예요.

드디어 1987년 8월 29일, 그날이 경술국치일(1910년 8월 29일)이라서 기억을 합니다. 8월 29일 신림1동 상가 2층을 빌려 행사를 치르고, 개원 미사를 옥상에서 할 때 강우일 주교님이 오시고, 사회복지회 담당 지도신부님이신, 초대 난곡동 본당 주임 신부 최선웅 신부님이 같이 오셨어요. 미사를 같이 드리고 의원 개원식을 했습니다. 대책위원으로 참여했던 선우경식 선생님[9]이 흔쾌히 우리와 함께 시작하시겠다고 했어요. 당시 방지 거병원에서 내과 과장이면서 진료부장이었어요.

이분이 사실은 강남성심병원에 계시다가 가신 거였거든요. 그래서 윤대원 씨와도 잘 알아요. 그 신림복지관이 난협을 내쫓은 얘기를 했더니 뭐라 하시느냐 하면요.

"사라 선생님, 잊어버리세요. 그거 1,500만 원, 있어도 살고 없어도 삽니다. 그러니 잊어버리세요."

내가 자꾸 그 얘기를 하는 걸 듣기 싫어하시더군요. 그 뒤로는 선우경식 선생님 있는 데서 얘기 안 했습니다. 그런데 두고 두고 우리 어머니들의 가슴에 맺힌 것이 그 1,500만 원 빼앗긴 일이에요.

나중에 보니 신림복지관 쪽에서는 장학금 주고 다 했다고는 하는데 어떻게 증명할지는 모르고, 우리가 못 받은 겁니다. 가난한 사람들 입장에서는 가난한 사람들이 애써 모은 큰돈을 아직도 못 받은 거니까요. 이 이야기를 또 하고 마네요. 하여튼 그런 경험과 함께 만든 게 요셉의원입니다.

그렇다면 왜 요셉의원이냐. 우리가 가난한 사람들의 힘으로 병원을 운영하려니까 법인이 안 되는 겁니다. 그럼 이걸 어떻게 하느냐, 비영리 법인으로 해야 되는데, 가톨릭사회복지회를

9. 1987년 초대 원장으로 참여, 2008년 4월 뇌출혈로 쓰러져 사망할 때까지 21년 동안 요셉의원에서 진료 맡음

업고 나가야만 하지 않겠냐고 했어요. 우리를 도와줄 곳은 달리 못 찾고, 사단법인으로도 재단법인으로도 안 되고 의료법인은 더더구나 어려우니까요.

선우 선생님이 원장을 맡고 같이 대책위원회 했던 사람들이 다 스텝으로 들어오기로 하고는 월급을 어떻게 정할 거냐 하는 문제가 나왔습니다. 50만 원으로 하자, 우리는 평등하다. 평등하게 시작하자. 의사든 누구든, 밥하는 아주머니, 청소하는 아저씨까지 다 똑같이 50만 원으로 하자 했어요. 그 대신 나는 월급 안 받았어요. 나는 조직가니까 교육하러 다니는 교통비만 나오면 되었어요. 교통비는 실비로 내야 되니까.

근데 가만히 생각하니까 아무래도 의사 선생님은 자원봉사자 후배들이나 선배들을 만나고 응대하고 교섭하려면 차도 마셔야 되고 교육도 해야 되잖아요. 그래서 내가 딱 생각해서, 원장님은 20만 원 더 해서 70만 원, 다른 분은 다 50만 원 이렇게 해서 평등하게 시작했어요. 우리는 똑같이 한다, 실천적으로 평등하자, 그랬어요.

그렇게 해서 한 2년 동안을 잘 운영했습니다. 어머니들이 거기 운영위원회 들어가고, 대책위원회 하셨던 분들이 거의 다 운영위원회로 들어오고. 선우 신생님 친구 중에 정신과 의사분이 와서 또 자원봉사 하시니까 그분도 운영위원회로 들어가고요.

그랬는데 중간에 마찰이 생겼어요. 엄마들이 사실 전문가도 아니잖아요. 봉사활동을 열심히 해도, 선우 선생님이 생각하실 때 아무것도 모르는 가난한 아줌마들이 와서 무슨 운영위원을 한다고 그래, 아프면 와서 진료만 받으면 됐지 운영위원회 하면서 감 놔라 배 놔라 하느냐, 잘 알지도 못하면서, 돈도 많이 내지도 않아, 한 달에 천 원씩밖에 안 내면서, 이런 생각 왜 안 들겠어요.

그렇지만 우리가 100원씩 내다가 천 원씩 내는 게 얼마나 큰 부담이게요. 그럼에도 불구하고 헌신하는 사람들인데, 선우 선생님이 볼 때는 아무것도 아닌 거지요. 천 원씩 걷어서 어떻게 해나가자는 거냐고 말예요.

그래서 저는 구로3동에 카사 팀, 구로1동에 구요비 신부님 계실 때(지금은 주교님이 되셨지만) 거기 가서 구로동 쪽 노동자들을 조직해서 요셉의원에 오도록 해야지 생각했어요.[10] 왜? 노동자들이 산재도 많고 문제가 여럿인데, 이들을 받아주는 병원이 전무한 현실이니까요.

사실 노동자들은 의료보험이 되니까 보험으로 진료받긴 하지만요. 우리 요셉의원도 평소에 주민들이 진료받을 때 보험수가대로 당당하게 내고, 회비를 천 원씩 더 내서 요셉의원을

---

10. 이런 노력으로 구로3동 천주교회 중심으로 '돈 보스꼬 의료협동조합'이 결성되고 이어서 구로1동 천주교회 중심으로 '구로의료협동조합'이 결성됨

운영하도록 했어요. 그렇지만 사실 제대로 운영이 안 되죠. 그러니까 후원을 받고 어디선가 기부를 많이 받아와야 하는데, 선우 선생님 입장에서 볼 때 너무 한심했습니다. 게다가 엄마들이 운영위원이라고 들어와서는 뭐 놔라, 뭐 놔라 이러니까 듣기 싫고 보기 싫었겠지요.

한번은 어머니들한테, 그냥 뭣 모르고 아프면 와서 진료받으면 되지 운영위원회 오셔서 뭐 할 게 있냐. 이것도 운동권 김사라가 가래서 온 거 아니냐. 선우 선생님이 그렇게 오해에 찬 소리를 하셨어요.

마찰이 생기기 시작하니까 어머니들도 안 가겠다. 운영위원회 안 나가겠다. 무시당하면서 가진 않겠다고 하고요. 그래서 내가 한번 선우 선생님 만나서 얘기했어요. '가난한 사람들의 자존심은 돈을 많이 갖다 준다고 해결 안 된다. 그분들이 살면서 어떻게 지혜롭게 살지, 어떻게 인간 대접을 받고 살지, 이를 존중해 줄 때 자존심을 갖는다.' 그러니 선생님이 이해하시고 모르는 건 가르쳐주시면 좋겠습니다, 그랬는데 대답도 안 하시는 거예요.

요셉의원에서
다시 좌절을 겪다

그러다가 89년도 7월 1일부터 전국 의료보험이 시행됐어요. 선우 선생님은 그날부터 딱 행동에 들어갔지요. 난협 조합에서 간 사람, 구로1동에서 간 사람, 구로3동에서 간 사람들에 대한 진료 거부. '오늘부터 전국의료보험이 생겼으니 동네에 있는 병원에 가도 의료보험 수가로 진료 받으니 멀리 버스 타고 구로동에서, 난곡에서 여기까지 오지 말고 이제 동네 병원으로 가시라.' 이렇게 된 거예요.

우리 엄마들은 날벼락 맞은 거죠. 우리가 이렇게 10년 동안 고생고생하고, 신림복지관에서 억압 받고 무시당하면서도 새로운 기운으로 시작해서 만든 병원인데, 어떻게 우리가 만든 병원에 고용된 의사가 우리에게 그만 와라, 오지 말라 하느냐는 거죠. 외려 선우 선생이 나가야 되는 거 아니냐고, 이야기가 나왔는데, 그렇다고 선우 선생님이 나가면 또 누가 할 거냐는 문제가 따르고요.

이런 갈등이 생겨 제가 가서 만나 말씀을 드렸습니다. 지금 의료보험 제도는 가난한 사람들의 의료를 모두 해결해주지 않는다. 왜? 공무원이나 노동자나 아니면 교육자들은 사업주가 50%를 내고 노동자가 50%만 내면 됩니다. 그러나 지역 의료보험은 머리 숫자대로 식구대로 돈을 내야 합니다. 10명이면 10명 값을 다 내야지요. 게다가 전세 보증금이 100만 원이면 100만 원에 대한 세금을 내는 데다, 장사하느라고 용달차 하나 가지고 장사하러 다니면 차에 대한 세금을 또 붙여요.

이렇다 보니 우리 동네에서 진짜 가장 영세한 상인이 정주영하고 똑같이 보험료를 내야 되겠지요. 버는 게 다른데. 그게 현실인데 이걸 어떻게 우리가 그냥 받아들이느냐. 이런 문제 많은 제도를.

선우 선생님한테 가서 얘기했습니다. 3개월 이상 의료보험료가 밀리면 병원에 가도 안 봐줍니다. 본인 부담금으로 해야 돼요. 보험료를 안 내면 말이죠. 그럼 이걸 어떻게 하면 될까, 가난한 사람이 갑자기 의료보험료도 많이 내야 되고 병원비도 많이 들고, 3개월 밀리는 거 보통이고 가난한 사람들이 1년도 밀릴 텐데 요셉의원 같으면 우리 병원이니까 밀려도 봐주잖아요. 그런 게 관계없잖아요.

근데 선우 선생님이 오지 말라 하니 어떻게 하면 좋으냐고, 싸움이 났어요. 이걸 어떻게 조정합니까. 그래서 제가 강우일

주교님한테 부탁했어요. 그때 강우일 주교님이 사회사목 담당 주교였어요. 가난한 사람들에 대한 인권 문제뿐만 아니라 건강 문제, 교육 문제 이런 것들을 교회가 맡아야 한다고 생각하시는 분이었어요.

그래서 85년도 3월 25일 '천주교도시빈민회'가 창립되고 다음에 '기독교빈민협의회'와 '교회빈민의료협의회'(빈의협)가 만들어졌어요. 가난한 사람들에 대한 의료 활동을 하고 건강 문제를 해결하기 위해서죠.

빈의협 초대 회장님이 양요환 선생님[11], 제가 부회장, 최수자 선생님[12]이 총무로, 그때 한 30여 명 모였죠. 처음에 발기인 대회를 했고 그 후에 다 해서 한 40~50명 이상 넘게 모여서 했어요. 양길승[13], 김록호[14], 양요환, 내로라하는 선배들이 빈의협을 주축으로 다 모였지요.

이렇게 열심히 하는 선생님들이 계셨어요. 선우 선생이 그만두면 빈의협에서 의사 선생님을 보내겠다는 얘기를 했어요. 그래서 내가 강 주교님과 의논을 해 강 주교님을 비롯해서 선우

11. 외과의사, 신천연합병원 초대 원장. 의료법인 록향의료재단 초대 이사장, 교회빈민의료협의회 초대 회장 등을 역임
12. 간호사, 신천연합병원 설립 때 함께함. 『아픈 세상을 간호하다』(건강미디어협동조합, 2024)에 활동 상재
13. 녹색병원 초대 원장, 원진직업병원관리재단 이사장
14. 사당의원 원장, 원진녹색병원 원장, 서울대학교 보건대학교 조교수 역임, 세계보건기구에서 기후변화 및 환경 보건 전문가로 활동

선생님, 양요환 선생님, 최재선 선생, 정다미아나 수녀님, 대책위원회 다음에 나, 빈민사목위원회 총무였던 추영호 신부님까지 주교관에서 만나서 얘기했습니다.

노숙자나 알코올중독 환자 무료 진료를 하고 싶어 하는 선우 선생님의 뜻과 방향은 이랬어요. '우리나라에서 의료보험 제도가 있어도 주민등록이 없으면 의료보험 혜택을 못 받고, 의료보험을 만들기 위해서 주민등록이 필요한데 주민등록이 없는 사람을 그럼 어떡하느냐, 이 사람들 죽어야 되느냐? 이 사람들을 위한 요셉의원이 돼야 한다'는 거였어요.

그것도 일리는 가졌는데 요셉의원을 선우 선생이 혼자 만든 건 아니잖아요. 가난한 주민들이 만든 거잖아요. 가난한 난곡희망의료협동조합에서 주민들이 10년 이상을 고생하면서 지향했던 것은, 한국 사회 의료 전달 체계라는 것이 잘못됐으니 이것을 바로잡는 1차 의료기관뿐만 아니라, 2차 검사를 하는 것도 제대로 주민들의 요구에 맞게 해주는 병원 시스템을 만들어보자는 것이었지요. 그러면 이에 맞춰서 해줘야지 어떻게 무료 진료만을 하려느냐고 반대했지요.

그때 내가 철거 싸움하다 말고 들어와서 주변에 막 씩씩대면서 선우 선생님이 이런 식으로 무료진료를 하려면 인도를 가시든지 아프리카를 가서 슈바이처가 되시든지 하라고 손짓을 막 하면서 진짜 싸움하듯이 그랬어요.

"한국에서 선우 선생님이 하고 싶은 의욕이 있다면 다른 데 가서 무료 진료하십시오. 요셉의원은 안 됩니다. 이건 주민들의 병원이고 주민들이 원하는 대로 운영해야 하고 우리는 새로운 의료 체계를 만들기 위해서 가난한 사람들이 주체적으로 한 겁니다. 이거를 아신다면 나가시는 게 맞습니다."

그랬더니, 선우 선생님이 받아 이렇게 말해요. "사라 선생님 말씀이 맞습니다. 예, 무료진료를 하고자 한다면 제가 나가야죠." 주교님 앞에서 분명히 그렇게 얘기했어요. "그럼 나가실 겁니까?" "예, 생각하겠습니다. 나가야죠." 이렇게 얘기가 된 거죠. 주교님과 신부님 앞에서 다 얘기했으니까 거짓말 아니잖아요.

우리는 선우 선생님께 시간을 드리기로 하고, 나가실 때 말씀을 달라 청하면서 우리가 의사 선생님 구하기로 했습니다. 양요환 선생님도 같이 빈의협 대표로 참석했고, 빈의협에서는 사실 많은 분이 요셉의원 어떻게 되는지 관심을 가지고 계셨어요. 정말 선우 선생님이 못 한다면 우리가 파견하겠다는 결심을 가졌으니까요. 다른 의사 선생님들이 준비를 하고 있었기에 선우 선생님께 결정의 시간을 드리자 하고 헤어졌어요.

이야기가 잘 끝났다, 이 문제를 위해 사람들을 소집하길 잘했다 했죠. 강 주교님도 걱정하면서도 일단 선우 선생님이 나가는 게 맞다 했으니 그 말 믿고 기다려보자 하셨어요.

그런데 그 이튿날 변했습니다. 선우 선생님 나가는 줄 알고 다 준비하고 있었는데 갑자기 선우 선생님이 안 나간대요. 모두 모여 이야기한 이튿날, 선우 선생님이 바로 김수환 추기경님을 만나서 본인은 이렇게 좋은 뜻으로 일을 하려고 하는데 운동권 김사라가 못하게 한다 얘기를 했다는 거예요.

추기경님이 "내가 김사라한테 젊은 신학생들 훈련시켜서 가난한 사람들하고 함께 사는 교회를 만들기 위해서 씨뿌리라고 했는데 왜 그러는 걸까?"하시며 선우 선생님 이야기를 다 듣고, 하여튼 생각해 보자 하신 거예요. 결국 추기경님이 제게 이러시네요.

"사라야, 이런 의사 선생님 구하기가 쉬우냐? 70만 원 받고 여기 와서 이렇게 일 해주는 의사를 어디서 구하냐? 의사가 있어야 병원도 운영하는 거지. 의사 없이 너 어떻게 하겠니?"

결국은 추기경님도 의사한테 넘어가신 거죠. 별수없이 기득권자에게 넘어가는구나, 가난한 사람들의 힘을 믿지 않는구나, 생각했습니다. 가난한 사람들에 대한 믿음이 없으신 거예요. 어쩔 수 없구나 하는 생각이 들었습니다.

그래서 3주년 때인가 여기 신림동성당, 지금의 서원성당에 추기경님이 미사 하러 오셨을 때 제가 갔어요. 제가 91년도에 관악구 의원이 막 됐을 때였는데 미사하러 오신 추기경님께서 말씀하시대요. "사라야 이제는 제도권에서 의원이 됐으니 싸우지만 말고 너도 열심히 해라."

어이가 하도 없어서 저도 말씀을 드렸어요. 내가 제도권하고 싸우려고 거기 들어갔는데 제도권하고 싸우지 말고 사이좋게 지내라는 게 말이 되냐고 말이죠. 추기경님께 언제 난곡에 들러 주십사 청하고서, 실제 오셨을 때 제가 설명을 상세히 드렸어요.

"그래도 하여튼 간에 의료보험증 있는 사람보다는 없는 사람에게 의료가 더 필요하지 않겠니?" 아, 이렇게 얘기를 하시는 거예요.

거부를 한 우리 난협은 그냥 쫓겨났어요. 이 사건 이후로 난협은 떨어져 나온 거예요. 아니, 받아주질 않으니까 거기서 나온 거지요.

요셉의원이 가톨릭 사회복지법인이었기에 교회가 선우 선생님을 인정하는 한, 우리는 설 자리가 없는 거였어요. 교회도 역시 기득권 편, 일반적인 교회 지도자 되시는 분들은 자선적인 사고를 훨씬 많이 하시니 선우 선생님 쪽으로 기운 거예요.

그렇게 협동조합은 두 번에 걸쳐서 신림복지관에 천오백만원 주고, 요셉의원 만들어서 선우 선생한테 기부한 결과, 결국 이렇게 된 거예요.

그때는 관련 법이 없을 때라서 어떻게 되든 법이 상관을 안했지요. 법만 있었어도 해결을 했죠. 법이 없어 안되니 우리가 가톨릭사회복지회 산하 단체로 들어가 비영리단체로 요셉의원을 한 거였지요.

근데 그 일 이후에 재미있는 일이 생겼어요. 언론에서 선우 선생님을 살아 있는 성인군자로 치켜세워요. 지금도 성인품에 올리려고 여러 가지 활동들을 하는군요.

2019년 9월 5일에 갑자기 강 주교님한테서 연락이 왔어요. 본인이 지금 외국에 있는데 요셉의원에서 연락해서는 요셉의 원에 와 미사와 강론을 해 달라 부탁했대요. 외국에 계신데 연 락이 간 거예요. 갑자기 연락받으면서 왠지 느낌이, '아, 이거 사라 선생과 의논해야겠다.' 싶으셨대요. 왜냐하면 주교님은 다 알고 계시니까.

"미사하고 강론해달라고 그러는데 어떻게 했으면 좋겠느냐?" 제가 《그 형편에도 같이 하는 게 좋더라》(난곡희망의료협동조합 이 야기)[15]는 책을 출판했잖아요. 주교님한테 일일이 설명하기도 어 려워 이렇게 말했어요. "그러면 주교님, 제가 제주도로 책을 보 낼 테니 책을 보시고 판단해 주세요."

결국 들어오셔서 그 책을 다 보시고 문자로 바로 저한테 연 락을 주셨어요. 2019년 9월 7일 얘기예요.

"이 책을 보고 나니 사라 선생님이 얼마나 가슴이 아프고 마 음이 아팠을까 싶어. 이게 다 내 탓인 것 같아."

---

15. 한재랑 지음, 제정구기념사업회, 2018.12.13

왜냐하면 그때 같이 앉아서 조정할 때 확실하게 이야기해줬어야 하는데 당신이 선우 선생님 말만 믿고 그냥 헤어졌잖아요. 그때 문자 나눈 거 지금도 갖고 있어요. 전화기에 가만히 남겨 놓았어요. 주교님 만나면 다시 한번 얘기하려고.

그런 문자 말미에 "내가 요셉의원에 가서 역사기록을 보완하도록 당부하겠습니다"라고 적으셨더라고요. 그 후 요셉의원에 가서 미사와 강론하셨지요.

"요셉의원은 내가 아는 한 분명히 난곡동의 주민들과 김사라가 같이 한 일이다. 선우 선생님이 만든 것이 아니다. 역사는 바르게 써야 한다. 고쳐 써야 한다. 요셉의원 30주년 기념하면서 이제부터라도 요셉의원 역사를 바르게 고쳐라."

이렇게 얘기하신 겁니다. 그러니까 갑자기 사람들은 '어? 선우 선생님이 다 만들었다고 그랬는데? 이게 뭐지?' 한 거죠. 난곡동 주민들 협동조합 얘기, 김사라 얘기가 나오니까 조해붕 신부님이 그 이튿날 바로 전화를 하셨어요.

"사라 선생님, 좀 만나 뵐 수 있나요? 요셉의원에 한번 와 주세요."

요셉의원이 영등포로 이사 갔다고 해도 그동안 한번도 안 갔거든요. 근데 신부님이 사라 선생님 한번 오실 수 있냐고 점잖게 얘기하면서, 저녁 식사 같이 하면서 얘기하자 해서 알았다고 했어요. 인천에 우리 난협 엄마 중 암으로 돌아가신 분이 계시는데 그분 만나러 인천 갔다 오다 신부님을 만났어요.

강 주교님이 말씀을 꺼내셔 거기 직원들이 다 놀란 모양이었어요. 여태까지 선우 선생님이 만들었다고 생각했고, 병원이 선우 선생님 거라고 생각했는데 갑자기 난곡 주민들 얘기가 나오고, 사라 선생님 얘기가 나와서 어떻게 된 일인가 다들 궁금해 한다고요. 저녁 같이 먹으며 내가 4시간 동안 얘기를 해줬어요.

"그러면 이거 녹취를 합시다. 녹취를 하고 나중에 이 녹취를 풀어서 제대로 써주세요."

밤 10시까지 앉아서 다 얘기를 해줬어요. 사무국장이랑 언론 담당이랑 신부님도 같이 앉아서. 그랬는데 소용없어, 똑같이 나왔어요. 이번에 평전《의사 선우경식》 나온 거 보니까 전보다 더해. 그래서 이것들도 소용없구나. 그런데 평전 나오는 데 나를 특별히 초대했어요. 사라 선생님 안 오면 안 된다 해서 갔더니 평전을 줬는데 쓴 걸 보니까 엉뚱한 걸 썼더군요.

74년 9월 15일 난곡동에 첫 번째로 나와서 진료하실 때는 학생회장이었던 고영초 선생님[16]이 지금 요셉의원 원장이 됐거든요. 인연이 깊어요. 그 선생님은 잘 아시거든요. 난협이 요셉의원 만들고 제가 거기에 어떻게 관계했는지를 다 잘 아는 사이인데 원장님이 되신 거예요.

---

16. 1973년 서울의대 재학 중 가톨릭학생회에 가입하여 진료 봉사활동을 시작. 건국대병원 신경외과 교수 퇴직 후 2023년 3월 17일 요셉의원 5대 원장에 취임

이취임식에 나를 불렀어요. 제가 가야 취임식을 하겠다는데 안 갈 수 없잖아요. 같이 가서 미사 보고, 그때 정순택 서울교구 대주교님[17]도 오셔서 인사드렸어요.

"사실은 요셉의원의 토대를 난곡동 주민들이 만들었고 사라 선생님이 같이하신 거 내가 잘 압니다." 원장이신 고영초 선생님이 얘기하셨지요.

그러니 지금부터는 조금 조금씩 인식되어 가는데도 평전을 만든 사람은 전혀 다른 소리를 하는 거예요. 보다가 내가 하도 열이 나서 그냥 덮어버리고 안 봤어요.

---

17. 천주교 서울대교구 제14대 교구장

의료 협동조합을
전망하다

중요한 건 가난한 사람들에 대한 문제가 의료 문제뿐만 아니라는 거지요. 철거 문제도 그랬잖아요. 주택 문제도 가난한 사람들 전혀 생각 안 하는 정책에 의해 강제 철거가 이뤄지고, 인권 문제가 태산처럼 쌓이고, 사람들이 죽고, 모든 문제가 그렇단 말이죠.

노동자들도 마찬가지예요. 산재가 자꾸 일어나는 이유가 노동자들의 권리나 노동자들의 인권에 대해 생각 안 하고 이윤을 위해서, 자본가들의 입장에만 서다 보니까 문제가 빈번하게 일어나는 건데, 언제까지 우리 사회가 이렇게 나가야 되냔 말예요. 대체 언제까지.

지금 저는 의료사협 이사장[18]으로 활동합니다. 사실은 우리나라에서 의료사협이라는 것이 조금만 더 일찍 생겼더라면 어땠

18. 현재 '관악의료복지사회적협동조합' 이사장

을까 생각할 때가 많아요.

제가 96년도에 일본 오사카에 모임이 있어서 갔다 왔는데 그때 일본에 의료생협이 있는 걸 처음으로 알았어요. 진즉에 의료생협이 있는 줄 알았으면 내가 신림복지관한테 당하지도 않고 요셉의원을 선우 선생한테 넘어가지 않게 뭔가 제대로 했을 텐데, 너무 억울한 겁니다.

돌아와서 빈의협 양요한 선생님이랑 다 만나서 우리들 운영위원회 할 때 얘기했잖아요. 일본에 가니까 60년대부터 생협이 있고 법으로 보장이 된 거예요. 의료생협을 중심으로 청소년회관, 장애인회관, 노인복지관, 지역사회 안에서 이 모든 것의 중심이 의료생협인 겁니다. 모든 복지관이 의료생협을 줄기 삼아서 나오고 움직입니다.

그래서 우리도 의료생협을 해보자고 심포지엄에 일본 의료생협의 나카무라 선생님[19]을 초대했어요. 그게 1996년이지요. 우리나라에서 처음으로 기청의(기독청년의료인회)[20]의 임종한 선생님[21]이 빈의협에 와서 세미나 할 때 참여했어요. 우리도 이제

---

19. 일본 한신의료생협의 이사장이며 한신사회복지관 관장. 1960년대에 대학생으로 오사카에서 조선인과 부락민들을 위해 봉사활동을 주도. 이때부터 의료와 건강 문제에 관심 갖고 의료생협 운동에 참여

20. 1984년 이후 각 대학 기독학생회 출신 의료인들이 주축이 되어 모임을 이어오다가 1987년 10월 10일 창립

21. 인하대학교 직업환경의학과 교수로 의과대학 학장이자 보건대학원장. 한국의료복지사회적협동조합연합회 회장, 한국사회적의료기관연합회 공동대표

는 의료사협 만들어야 한댔지요. 그때는 의료생협이었지만요.

그 후 97년도에 안성 농민회 회장님하고 또 김보라 씨[22] 이런 이들, 그리고 박봉희[23]하고 또 몇 분, 이렇게 한 11명인가 12명이 오사카에 가서 세미나 3박 4일 하고 왔어요. 그런 과정을 거치면서 우리나라에서도 의료생협을 해야 한다 했을 때도 법이 없었지요. 그때만 해도 신협 농협 이런 것만 있고 의료생협법도 없고 의료사협은 더구나 없을 때지요.[24]

어쨌든 저는 철거 투쟁 열심히 하다가 구의원 돼서 또 열심히 하다가 민주노동당 가서 당 대표하다 보니 샛길로 빠져 정치 활동을 하게 되었는데 정치 활동이 나하고는 너무 안 맞는다, 이거 하려면 지략도 좀 펴야 하고 '꾼' 노릇도 해야 하고 여러 가지 해야 하는데 나하고 너무 안 맞다 느꼈어요.

주장하는 바는 공정한 사회, 공평한 사회, 정의로운 사회, 평등한 사회. 그리고 높낮음이 없는 사회. 그래서 누구나 자유롭게 민주적으로 사는 사회. 이걸 만들자고 정치를 외치는데, 현실적으로는 너무나 먼 거리에서 뭐가 잘못되고 있다 생각했어요.

---

22. 안성의료사협에서 활동. 현재 안성시장

23. 의료생협연대 사무총장 역임

24. 의료생협(의료소비자생활협동조합)의 근거가 되는 〈소비자생활협동조합법〉(생협법)은 1998년 제정. 의료생협 활동 활성화 계기도 되었지만 나중에 의료생협을 이용해 이익을 추구하는 유사 의료생협(사무장 병원)들이 우후죽순으로 생겨남. 2012년 12월 〈협동조합기본법〉이 제정되면서 유사 의료생협과 구별 짓고 사회적 책임성을 강화하기 위해 〈협동조합기본법〉에 근거한 '의료복지사회적협동조합'(의료사협)으로 전환하는 움직임 생김

그런데 이젠 의료사협 그만두는 때 다시 정치할 겁니다. 왜 나하면 의료사협이야말로 정치적으로 하지 않으면 안 된다는 걸 알았거든요. 의료정책이고 뭐고 지금 보건복지부에서 나오는 것만 바라보잖아요. 그건 정책이라고 하면 안 되는 거예요. 왜? 밑에서부터 올라가는 정책이 아닌 한 위에서 내려오는 건 정책이 되지 못해요. 현장하고 떨어졌으니까. 그래서 제가 항상 주장하는 바, 주민이 주체가 되고 바닥에서부터 어떤 주체성을 가지고 주장하는 바가 옳게 갔을 때, 이것이 정책이 되고 정치가 되는 거지 그렇지 않은 것은 하나의 이념이고 이상인 거죠. 가진 사람들, 기득권을 가진 사람들은 그렇게 주장합니다. 그러나 못 가진 사람들은 밑에서부터의 고통이 뭔지를 알기에 고통부터 시작합니다. 이걸 잊어서는 안 됩니다.

오늘 어떻게 들으셨는지 모르지만, 난곡희망의료협동조합이라고 하는, 가난한 동네에서 만들어진, 가난한 사람들의 생명줄을 이어왔던 협동조합 운동은 결국 어떤 한 사람만의 것이 아닙니다. 너와 나 이웃 간의 관계, 그리고 또한 우리 대표들이 어떻게 활동했느냐도 아주 중요합니다.

일주일 동안 자기 주변에 있는 자기 반 조합원들을 다 샅샅이 방문하고 이상이 없는지 다 알아보고 와서 회의하고, 그다음 학생들이 진료 나왔을 때 아픈 사람이 있으면 우선 방문진료를 받도록 한 것, 그래서 지금의 방문진료, 재택의료센터, 이

걸 우리는 벌써 50년 전에 난곡에서 시작했고 먼저 경험했던 일들입니다. 새로운 것이 아니에요. 그리고 돌봄이라는 것, 돌봄 사업을 사실은 누가 가르쳐주지 않았음에도 협동조합에서 서로서로 돌봄을 해왔던 겁니다.

오늘의 의료사협이 돌봄을 주창하고 통합돌봄을 해야 한다, 이것은 당연히 제도적으로 필요한 것이고 주장하는 바가 맞습니다. 못 가진 사람들 입장에서 가난한 사람들이 먼저 시작했던, 50년 전에 이미 경험해보고 먼저 했던, 이런 것들이 확장돼서 더 많은 사람이 함께 누리도록 하는, 지평을 넓혀가는 의료사협 활동을 해야 합니다.

오늘 이 자리 우리 의사 선생님들께 욕을 많이 해서 죄송하지만, 어쨌든 저는 이처럼 경험하면서 지금은 제일 존경하는 의사 선생님, 우리 사랑하는 조계성 선생님[25] 같이 계시니까 너무 행복합니다.

의료사협이 발전적으로 나가는 방향이라는 것은 그냥 제도에 따라 하는 것이 아니라, 밑에서부터 나오는 소리를 현장에서 실천하며 제도화하는 것, 이게 중요합니다. 그래서 거꾸로 가는 정책이 아니라 바로 가는 정책을 우리가 시도하고 찾아야 합니다.

---

25. 관악의료사협 정다운의원의 원장

30년을 맞는[26] 의료사협의 방향을 자꾸 위에서 내려오는 걸 기다리는 쪽으로는 하지 맙시다. 우리에게 필요한 거를 자꾸 소리를 치고 목소리를 냅시다. 우는 아이에게 젖 주듯이 우리가 자꾸 말을 하고, 행동으로 저지르고 내처들고 하면서 도전적인 행동을 해야만 위에서도 생각을 할 것이고, 우리는 30년이 됐든 몇 년이든 생각하고 제도화하려는 노력이 있는 거니까요. 우리가 움직이지 않으면 안 됩니다.

저는 난협이 50년 전에 시작하면서 지역사회 안에서 아주 미소하게 움직였을지언정 기적을 일으켰다고 봅니다. 지역사회를 바꾸어내고, 자신들을 바꿔나가고, 자신의 삶을 당당하게 이끌었습니다. 또한 본인들이 얼마나 가치 있고 보람 있는 삶을 살았는지 자랑스레 여깁니다.

늘 만나면 난곡희망의료협동조합 할 때가 제일 좋았다, 제일 행복했다 하는 소리를 지금도 합니다. 우리 의료사협에 대해서도 50년 후에 그런 이야기가 나온다면 좋겠습니다. 감사합니다.

---

26. 안성의료사협이 1994년 설립, 이를 기준으로 30주년

묻고 답하다

[참가자] 난곡희망의료협동조합이 요셉의원과 관계가 끊긴 후에 어떤 과정을 거쳐 해산되었는지, 어떤 논의 과정에서 결정되었는지 궁금합니다.

　활동이 완전히 중단된 건 아니었어요. 의료 활동을 못하게 되니 의료 사업은 중단되었죠. 요셉의원이 생기면서 '송정' 진료팀은 이미 나간 상태라서 의료 활동을 안 하면서 의료협동조합이라고 부를 수 없으니까 '난곡희망협동회'로 바꿨어요.

　70년대 당시 제가 난곡 지역에 들어갔을 때는 단체라는 것도 없고 활동하는 사람도 없었는데, 80년대를 지나오면서 차츰차츰 사람들이 들어오기 시작했어요. 젊은 학생들이 들어와 활동을 시작하면서 낙골교회 청년들이 야학하며 같이 이어졌고, 그다음에 탁아소 하는 팀이 들어왔고, 그러면서 낙골교회에서 공부방 시작하고, 그다음에 이명애가 들어오면서 도서실

운동하게 되고요. 이렇게 차츰차츰 들어와 결국은 '난곡지역
협의회'를 만들었어요. 난곡지역협의회 안에 난곡희망협동회
가 들어갔죠.

내가 구의원이 되고, 나중에 난곡주민회관을 만들어서 그 주
민회관 안에 단체들이 다 같이 들어와서 활동하는 방식으로 지
속해왔죠. 의료 사업 안 하니까 '의료' 자만 뺀 '난곡희망협동
회'를 통해서, 지금 식으로 재활용품 헌옷 바꿔 입기 같은 거 하
고, 97년도에 자활 사업도 시작하고, 도시락 사업, 밥집도 하고
그러면서 난곡희망협동회 활동은 계속했죠.

엄마들과 한 달에 한번씩 모임도 하면서 난곡희망협동회 어
머니 모임에서 한문 교실, 어머니 교실 이런 사업들을 계속했

어요. 사실 어찌 보면 중추적인 역할을 계속한 거죠. 청년들이 뭔 일 하다가 어려워지면 엄마들이 대신 다 하고.

지금은 없어요. 재개발되면서 사람들이 다 이주해 나가서 없어요. 90% 이상이 이사 갔고 주택가에 살던 사람들 몇 명이 남았는데 그분들이 지금 벌써 다 80대예요. 제가 여든하나거든요. 20대에 들어와서 20대 말에 엄마들 많은 데서 제가 막내 격이었는데 지금 형님들 다 내일모레 아흔이네요.

의료사협에서 제가 이사장 맡고, 난협에서 대표 맡아 중추적으로 활동하셨던 분들 여섯 분이 다 고문이십니다. 근데 고문 활동을 제대로 못 하는 게 지금 건강들이 너무 안 좋으셔요. 이러니 무슨 활동을 하자고 전화 걸어도 부담스러워하니까 활동이 어렵고, 내일모레 한번씩 다 방문 가려고 합니다.

이분들 하시는 말씀이 요즘 꿈을 꾸면, 난협 꿈을 꾸신대요. 그게 무슨 뜻이겠어요. 30~40대 했던 일들이 아직도 거기 남아있는, 난협을 고향처럼 여기며 살아간대요. 내일모레 아흔인데. 저도 마찬가지로 난협을 못·잊는 거지요.

[참가자] 당시 부산에 '청십자의료협동조합'[27]이 있었는데 그쪽과 교

---

27. 1968년 5월 13일 부산 초량동 복음의원에서 창립. 해방 이후 최초의 의료 협동조합. 창립 당시 23개 교회 신도 중심으로 723명이 조합원으로 참여. 청십자운동 이름으로 전국으로 확대되어 1972년 11월 2일 '한국청십자의료협동조합중앙회'가 결성. 1989년 7월 1일 정부 주도의 도시지역 의료보험이 시작되자 사명을 다했다는 판단으로 전날인 6월 30일 자진 해산

류가 있었나요?

없었어요. 전혀 몰랐구요. 안경렬 신부가 가톨릭사회복지회 지도 신부였는데 한번 갑자기 연락이 왔어요, 사회복지회로 한번 들어오라고. 바오로 수녀원에서 모임 있으니 그리로 오라고 해 가봤더니 청십자 채규철 선생님[28]이 오셨더라고요. 화상 많이 입으신 선생님이 채규철 선생님인데, 그 분이 장기려 박사 바로 밑에 후임으로 계신 걸 거기 가서 알았어요.

청십자가 그때는 군위군에서 활동을 하는데, 얘기 들어보니 농촌에는 현금이 없으니 농사를 짓고 가을에 수확한 쌀을 팔아 돈이 생겨야 진료비를 받는다는 거예요. 거긴 협동조합비 내는 것도 없고. 우리는 현금으로 조합비 내잖아요? 100원이라도 현금이고, 도시 환경이니까. 우리가 100원씩 걷어서 해나간다니까 채규철 선생님이 너무 좋다며 부러워하는 거예요. 현금으로 하니까 활성화하고 그때그때 해결 가능하니 협동조합이 굴러간다는 거지. 그 모임에서 처음 청십자를 알았어요.

책을 보니 장기려 박사님 활동과 우리가 했던 게 7년 차이더라고. 장기려 박사가 7년 전에 의료보험을 만들기 위해 박정희

---

28. 1937년 함경남도 출생. 1961년 충남 홍성에서 풀무학교 교사를 하다 1965년부터 2년간 덴마크 유학. 귀국 후 1968년 장기려 박사와 함께 청십자의료보험조합 설립. 그해 10월 자동차 사고로 전신 3도화상을 입음. 1986년 경기도 가평에 대안학교인 두밀리자연학교 개교

시대에 시작하셨더라고요. 근데 박정희가 교활하게 가진 사람들부터 시작한 거죠. 장 박사님은 가난한 사람들을 위해 시작했는데.

[참가자] 박정희가 했던 거는 그 배경이 달라요. 박정희가 정치적으로 북한을 의식하다 보니, 우리나라에 아무 사회보장 정책이 없는 걸 생각했죠. 그렇다면 제일 먼저 할 수 있는 걸로 시작한 게 의료보험인데 작은 회사는 안 되겠고 300인 이상 사업장부터 보여주기식으로 시작한 거예요.

그런 배경도 있겠지만, 무엇보다 장기려 선생님은 가난한 사람들을 위해 시작했고 도움을 준 건데, 박정희는 가진 사람들로부터 시작한 거지요. 거꾸로 된 거지요.

[참가자] 검색을 하다 보니 《가톨릭신문》에, 의료 협동조합이 가톨릭 쪽인데 난곡이 첫 번째고 두 번째가 돈보스꼬 협동조합, 세 번째가 구로협동조합 창립이라고 나옵니다.[29] 전혀 알려진 바가 없어 아시면

—
29. 구로1동 본당 빈첸시오회(회장 이종만)와 주말진료 팀이 적극 추진한 '구로의료협동조합'은 '난곡의료협동회', '돈보스꼬의료협동회'에 이어 교회 내에서는 3번째로 발족된 의료 협동조합으로 5월 15일 열린 창립총회에는 50여 세대가 조합원으로 참가. 구로1동 본당은 1986년부터 서울대 의대, 이화여대 의대 팀이 봉사하는 주말진료를 시작, 지역주민에게 의료 혜택을 제공. 점차 주민들 이용이 활발해지고 때맞추어 사회복지특별법인인 '요셉의원' 개원에 힘입어 의료 협동조합을 만들기에 이름. 구로1,2,4,5동과 신도림동이 대상 지역으로 종교와 무관하게 조합원 되기가 가능한데, 조합에

설명 부탁드립니다.

요셉의원을 시작하고서 난협만 가지고는 도저히 운영이 어려우니 같은 처지의 사람들을 더 조직하고 교육해 협동조합원으로 만들고 요셉의원의 조합원으로 만들어서 운영하기로 했어요.

우선은 구로3동에 내가 매주 나가서 같이 만나고 활동한 '카사' 팀을 보냈으니까, 구로3동에 얘기를 했어요. 우선 신자들

> **구로의료협동조합 창립하다**— 5월 15일(일) 오후 2시 구로1동 천주교회에서는 "급격한 산업화에 따른 인간성의 상실과 사회구조적인 병폐로 더욱 인간 개개인의 나눔의 정신이 메말라 가고 있는 현실에서 가난한 이웃들의 의료문제를 중심으로 보다 근본적이고 서로를 돕는 협동정신을 생활화하는 공동체를 이룸으로써 보다 아름다운 삶을 추구하기 위한 목적"으로 창립되었읍니다. 그동안 구로1동 성당에서 주말진료를 해오던 학생들과 빈첸시오회, 그리고 주민들의 협력으로 이루어진 구로의료협동조합의 발전을 축하합니다!!

《빈의협 회보》 1988년 여름 제2호에 실린 구로의료협동조합 창립 소식

중심으로 교육시키고 그다음 요셉의원에 가서 의료보험 없던 시대니까 우리가 정한 수가만 내고 진료받도록 하고, 한 달에 천 원을 조합비로 내서 조합원이 되는 걸로 하자니까 너무 좋아하시는 거예요. 그게 돈보스꼬 의료 협동조합이에요.

가입하면 가난한 지역주민을 위해 생긴 2차 진료기관 요셉의원 이용 가능. 의료보험, 의료보호(1종, 2종) 카드를 갖지 못 했거나 4인 가족 이상으로 월수입 30만 원 이하인 가정이 대상이며 조합비는 세대당 월 2천 원 (〈구로1동 본당 구로의료협동조합 발족〉, 《가톨릭신문》, 1988.6.19.)

그리고 구로1동이 얼마 멀지 않잖아요. 그곳의 공단 지역에 구요비 신부가 계셨어요. 구 신부는 노동자들의 사제예요. 프라도 회[30] 너무 잘 알죠. 신학생 때부터 잘 알죠. 훈련시키고 그랬으니까. 구요비 신부 만나서 얘기하니까 거기 노동자 중심으로 일하고, 그러니 좋다, 신도들 중심으로 교육합시다, 요셉의원이 생겼으니 아픈 사람들은 거기로 가도록 합시다, 하시는 거예요. 교육시키고 조합원으로 만들어서 구로1동, 구로3동을 같이 연결해 요셉의원 조합원들이 된 거죠. 저는 일주일에 다섯 번을 지역에 돌아다니면서 하루에 10시간 교육을 했어요.

요셉의원과 관계가 끊어지면서 그것들이 다 같이 동시에… 무조건 선우 선생은 요셉의원에 오는 조합원을 다 안 받았으니까. 요셉의원 때문에 세 개가 다 망가졌죠. 지금 생각하면 철거 싸움 하러 다닐 게 아니라 그 싸움을 더 했어야 하는데 싶지만, 싸움이란 게 상대적으로 해야 하잖아요. 선우 선생은 싸움을 걸면 안 하는 사람이야. 싸움을 안 하고 피하는 사람. 말을 안 듣는 사람. 그러니까 정다미아나 수녀님이 너무 답답해했어요. 좀 고치면 좋겠는데 말을 안 들어요.

예를 들면 봉천동에 있는 정루시아 수녀님이 영등포역에서 노숙자와 알코올 중독 환자를 좀 데리고 왔어. 데리고 왔어도

---

30. 앙투안 슈브리에 신부가 가난한 이들에게 복음을 전파하고자 프랑스 리용에서 1860년 설립한 재속 사제회. 한국 프라도 사제회는 1975년 출발. 《가톨릭대사전》참조

우리는 조합원들을 우선으로 하잖아요. 선우 선생님은 우리 조합원들 내버려 두고 그 사람들부터 먼저 진료를 해주는 거야, 순서도 안 지키고. 그래서 간호 담당 정다미아나 수녀님이 진료 봐주더라도 순서는 지켜서 해달라, 그래야 기다리는 사람들도 이해하지 않냐 해도 선우 선생님은 말을 안 들어요. 무시하는 거예요.

[참가자] 내가 막말로 그거 사기라고 했어요. 좋은 말로 해서 무임승차라고 그러지만. 그 선생님은 오셔서 자기가 파악을 했어야죠. 조직이 어떻게 운영이 됐었는지. 근데 그런 거 생각 안 하고 여기 뭐 하나 좋은 거 있네, 그야말로 공짜로 떡이 하나 떨어진 모양새잖아요.

[참가자] 처음 시작할 때 빈의협 선생님이 들어가셨으면 좀 낫지 않았을까요?

그때는 빈의협 선생님들이 준비가 안 됐죠. 왜냐하면 빈의협이 86년 9월에 시작하고 우리는 벌써 86년 4월 20일 총회를 통해 결정했고 선우 선생님이 이미 대책위원으로 들어왔고요. 준비위원으로 같이 했으니까 빈의협 선생님들 중 어떤 분들이 계신지 잘 몰랐는데 1년 후 보니까 좋은 선생님들이 많이 계시더군요. 이분들이 자기들 후배 중에 한 사람 좋은 사람 골라서 요셉의원에 보낼 테니 선우 선생 내보내자 이렇게 된 거예요. 그런데 선우 선생이 꼼짝도 안 하니까, 나간다고 해놓고 안 나가니까 어떻게 쫓아낼 수도 없고. 왜냐면 추기경님이 보장을 하셨으니까, 안 나가게 되는 거지.

[참가자] 요셉의원 홈페이지 같은 데 들어가 보면 역사가 왜곡됐다는 생각이 들어요. 그래서 강 주교님이 "역사를 바로 써라"고 얘기하신 것 같습니다.

　평전에서 봤잖아요. 책이 나왔기에 집에 가져와 봤는데 난협이 나오고 사라가 나오고 몇몇 사람이 나오기는 나와요. 근데 난협에서 시작했다가 아니라 내가 선우 선생을 찾아가서 부탁을 한 거야. 그게 말이 되느냐고. 부탁하기는 무슨. 고영초 선생님은 내용을 아시니까 원장을 하며 괴롭잖아. 무슨 일만 있으면 나한테 전화하세요.

　이번에 '카사' 팀 강원도 사북으로 진료 나가는데 7월 23일에 갔다 왔거든요. 1박 2일로 갔다 왔는데 그때 고영초 선생님하고 같이 차를 타고 오면서 한 3시간 정도 얘기를 했어요. 고영초 선생님이 그러는 거예요. 사라 선생님이 하시고 싶은 말들 많을 텐데, 나중에 다 정리해서 달라고. 자기도 되도록 직원들한테라도 얘기를 가끔 하겠다고. 그러는 거 아무 소용없어요.

그렇게 하는 거 소용없고 평전을 고쳐야 해요. 내가 선우 선생한테 부탁하긴 뭘 부탁해. 선우 선생이 대책위원회 들어올 때, 여기 삼성산 '사랑의집'에 가톨릭 의대생들이 주말 진료를 했거든요. 그때 지도교수로 왔었어요. 강남성심병원에 있다가 진료 나오고 그러면서, 나는 서울의대생들하고 일하고 그쪽은 가톨릭의대생들이 가서 일하고. 그러다가 의사가 필요한데 누구랑 같이 할 것이냐, 대책위원으로. 그래서 선우 선생님으로 얘기가 된 거죠.

주말 진료 지도 하러 나오니까 쉽게. 그리고 강남성모병원에 내과 과장으로 있다가 방지거병원에 가기 전 정선에 가서 거기 수녀님들하고도 같이 일했으니까 이 사람의 의식이 가난한 사람들하고 하는 거는 좋아하는 거야. 없는 사람들을 도와주는 건 좋아하는 거야. 그러니까 우리가 생각할 때도 그런 인식이 없는 사람보다는 훨씬 낫잖아요. 근데 그게 잘못된 거지.

[참가자] 역사를 바르게 하려면 김사라의 자서전이 지금 나와야 하는 거 아닌지요. 그래서 역사에 관심 가진 사람들이 그 평전과 새 자서전이 너무 차이가 나면 누군가 자료를 찾겠지. 그리고 또 얘기가 나오고. 그렇게 해서 바꿔 가야 돼요.

평전을 쓴 작가가 그날 왔는데 작가가 김대건 신부에 대해서

썼고 김수환 추기경에 대해서 평전을 썼더라고. 유명한 사람 평전을 썼더라고. 나중에 총무 신부님이 나를 소개하면서 난곡에서 요셉의원의 토대를 만드신 분이라고 소개를 하니까 이 양반이 갑자기 앞에 앉아 있다가 나한테 막 오는 거야. 평전을 쓰려면 나한테 와서 물어봐야 하잖아. 근데 자기가 다 써놓고. 그때는 내가 평전을 안 봤으니까 어떻게 쓴지를 몰랐어. 가지고 와서 집에 와서 보니까 막 이상하게 쓴 거야. 이 양반을 다시 만나야 하나 어쩌나.

[참가자] 난곡의료협동조합에서 만든 의원이 요셉의원인데 이름도 바꾸지 않고 똑같이 가는데 그 의원 전체를 자기가 만들었다고 하다니.

그래서 내가 《그 형편에도 같이 하는 게 좋더라》에 다 썼어. 신림복지관, 요셉의원 얘기 다 썼어요, 다 썼어. 나는 자서전, 평전 쓸 인물은 못돼요.

[참가자] 아니 이거 백서를 빨리 정리해서 만들어야 해요. 평전까지는 안 나오더라도 자서전 이야기, 일생을 정리하는 것은 꼭 써서 내셔야 돼요.

그것도 힘들어. 지금 무슨 운동을 저쪽에서 하냐면 선우 선생

나온 초등학교인가 거기서는 지금 성인품 올리려고 해요. 요셉 의원이 지금까지 무료 진료해 준 사람이 80만 명, 거의 100만 명에 가까워. 우리 엄마들이 그 얘기 들으면서 말해요. 야, 우리가 그래도 잘했다. 우리가 그때 그 시절에 우리 병원, 요셉의원 안 만들었으면 힘들고 어려운 사람들이 80만 명씩 어디서 혜택을 보았겠느냐고.

[참가자] 고루한 사람들, 옛날 사고를 그대로 머릿속에 아주 강하게 가진 사람들이 아직도 권력을 누리네.

근데 추기경님이 그 얘기를 하셨다는 거야. 내가 누구한테 들었는데. 가톨릭에 병원이 많잖아요. 곳곳에 다 있잖아요. 다 크단 말이지. 종합병원 큰 병원만 한단 말이지. 근데 가톨릭이라는 이름을 붙이고 가난한 사람들을 위해 자선하는 곳은 아무 데도 없는 거야. 그래도 하나쯤 있어야 하는데. 그걸 요셉의원으로 지정했다는 거야. 그래서 선우 선생님은 추기경님의 방향이 그랬다고 말하는 거고.

[참가자] 근데 이게 가톨릭에서 만든 건 아니잖아요.

아닌데도 불구하고 추기경님 생각은 그랬다는 거야. 선우 선생이 독실한 신자고 결혼도 안 하고 혼자 독신으로 계속 살았잖아요, 수도자처럼. 그러니까 이 양반이 이렇게까지 희생하며 하려니까 잘 됐다, 진짜 이렇게 무료로 운영하는 병원 하나 가톨릭에서는 필요하다, 한 거죠.

그래서 요즘은 내가 무슨 위로를 하느냐, 매일 기도하면서 그래요. 요셉의원에서 그래도 진짜로 오갈 데 없는, 병원에 못 가는 사람들을 받아서 80만 명이나 되는 사람들을 치료하고 생명을 보듬어준 건 너무 잘한 거고, 어찌 보면 하나님의 역사일 수도 있다. 그렇게 생각을 하며 위로를 해요.

[참가자] 그게 자칫하면 패배의식으로 연결이 돼. 그렇게 가면 안 돼요.

나는 그렇게 생각해요. 근데 우리 엄마들은 그 소리 듣고 막 열 받는 거야.

[참가자] 난곡이 세가 싸고 사람들이 다 힘들게 사는 곳이다 보니 각지에서 망한 사람들이 많이 모여든 거예요. 그래서 마음에 상처가 많고 늘 가정불화, 깨부수는 그런 일들이 잔뜩 생기는 와중에, 희망을 버리지 않고 살려는 힘들을 만들어냈다는 게 큰 위안을 줬을 거라고 생각이 들고요. 그리고 그때 여기 애들 교육했던 거가 지금의 관악구 안에서 시민운동의 뿌리 같은 그런 역할들을 하는 것 같아요.

그 애들이 지금 다 50대가 됐어. 우리 집에 와서 지역사회 여름학교에 참여했던 꼬마들이 지금 다 50대지요.

[참가자] 역할들을 하셨지요. 씨앗을 뿌리신 거요.

[참가자] 역사는 잘 기록되어야 하는 것 같습니다. 이사장님 생생한 목소리를 듣는 소중한 기회였어요. 감사드립니다. 의료사협 운동이 지역에 꼭 필요한 의료기관을 만들어 내고 함께 돌보며 사는 가치를 잘 이어가기 바랍니다.

<난곡희망협동회를 찾아서>[31]

성창기

서울대 의대 본과 4학년

불볕더위가 한참 기승을 부리는 8월의 어느 날.

스스로 건강을 지켜나가며 서로 힘을 모아 어려움을 극복해나가기 위한 지역주민의 자치조직인 난곡희망협동회(이하 난협)를 방문했다.

신림 사거리에서 난곡행 버스를 타고 15분 정도 되는 종점에 내리면 오른쪽에 남부고등공민학교라는 이름이 벽에 적힌 허름한 단층 슬레이트 건물에 자리 잡은 것이 곧 난협이다. 난곡

---

31. 이 글은 《교회빈민의료협의회 회보》 제3호(1988년 가을 발행)에 실린 글임

은 행정구역상 서울특별시 관악구 신림 7동, 속칭 낙골이라고 부르는 도시 주변의 빈민 집단 거주 지역이다. 이곳은 1968년 서울 시내에 산재한 빈민 거주 지역에 대한 정부의 강제 철거, 추방으로 쫓겨난 철거민들의 새로운 이주, 정착지의 하나인데 전기, 상하수도 등 제반 생활시설이 전무한 곳에서 땀 흘려 개척하여 초라하나마 자신들의 보금자리로 일구어 놓은 더 이상 물러설 곳이 없는 수도권 최외각, 하늘과 맞닿은 지역이다.

그 후 서울 시내 곳곳의 철거민들이 속속들이 들어와 지금은 무허가 주택만 3천 5백 채에 달하는 큰 생활공간으로 변모하였다. 하지만 이 지역주민들의 현실은 열악하기 그지없어 생활이 아닌 생존을 위한 몸부림 그 자체였다. 애초에 도시 빈민 지역의 대대적인 형성이 60년대 이후 농촌경제의 희생과 농민의 몰락을 강요한 파행적이고 대외의존적인 독점자본 위주의 수출주도형 경제개발 정책에 연유한 대량의 이촌향도에 의하였고. 지금은 이른바 도시재개발 계획 아래 생존기반을 강탈당하며 이 땅의 끝 간 곳으로 내몰리는, 삶의 지난한 여정이 말해주듯 이들의 생활은 궁핍의 극도에 이른다.

가진 자들만 살찌우는 한국의 정치 경제는 빈민들을 반실업 상태 속에서 살아가게 하며, 따라서 이들의 소득은 생계를 이어가기에는 부족할 뿐이고, 도시 복지 정책의 관심 밖에 존재하여 주거환경 또한 최악의 상태 속에 놓였다. 이러한 도시 빈민들의 열악한 생활환경은 질병 만연의 가능성을 상존시키며 더구나 저급한 소득수준은 이를 더욱 악화시킨다.

더욱이 하루 벌어 하루 먹고 사는 이들이 질병을 얻게 되면 일을 못 해 소득원이 끊기고, 또한 돈이 없어 치료를 받지 못해 질병은 점점 악화하며, 그러면서 노동력이 상실되어가는 악순환을 겪는다. 이러한 상황 속에 처한 낙골에 들어가 13년 동안 빈민과 함께 생활하면서, 특히 그들의 열악한 의료현실을 통감하고 이의 개선을 위해 투신해 오신 난협의 김혜경(사라) 님을 만났다.

"지금은 지역주민의 피나는 노력으로 어느 정도 나아졌지만, 당시 이곳의 생활상황은 이루 형용 못 합니다. 상하수도가 제대로 되어 있나, 화장실 시설이 제대로 되어 있나, 방역사업이 이루어지고 있나…. 하여간 병에 걸리지 않으면 기적이죠. 그러나 병에 걸리면 치료를 받아야 하는데 이들의 경제적 여건은 죽도록 일해도 병원 한번 제대로 갈 형편이 못 되었습니다. 사회적으로나 경제적으로나 정치적으로 소외되고 억압받고 있는 빈민들의 이러한 문제를 주체적으로 해결해 보고자 한 것이 난곡희망협동회 창립으로 발현된 것이죠."

이렇듯 난곡희망협동회는 자신만 의지해야 하는 가난한 이들이 '내 건강 내 생명을 스스로 지키자'라는 기치 아래 가녀린 손들의 애틋한 정성으로 1976년 3월 13일 봄의 새싹과 같이 주민들의 자치적 결의로 창립되었다.

그 후 서울의대 가톨릭 학생회 진료팀이 와서 진료하였고 지금은 같은 학교 송정의료봉사회에서 매주 토요일 오후 2~6시까지 남부고등공민학교에서 진료소를 개설한다. 난협 회원은 한 달에 가구당 2천 원씩 기금을 내어 이 진료소에서 진료를 받으며 또한 이 중 1천 원은 기금으로 적립한다. 지난 87년 8월 29일에는 이렇게 해서 적립된 기금 중 500만 원을 찬조해서 신림 사거리의 요셉의원 개원에 적극 참여하여 난협의 2차 의료기관을 확보하게 되면서, 이제는 단순히 치료받는 대상으로서만이 아니라 건강 증진에 주체적으로 지역주민이 참여하게 되었다.

그밖에 난협은 매년 회원 자녀들을 위한 장학사업, 지역사회 여름학교 등을 운영하면서 교육에도 이바지하고 있다.

오는 89년 7월 1일부터는 전국적인 도시지역 의료보험을 실시할 예정이라고 정부에서 발표했는데 이때의 난협 자체 지속성과 이 도시 의보(의료보험)에 대한 김혜경 님의 의견을 물었다.

"도시지역 의료보험이 어떤 방식으로 나타날지 아직 결정되지 않았지만 그것이 과연 이 지역의 의료 문제를 근본적으로 해결하는 데 도움이 될지는 다분히 부정적입니다. 우선 보험 수가 책정의 문제입니다. 농촌 의보가 주민의 부담 능력을 상회하고 피용자 보험에 비해 부당하게 높게 책정되었듯이 똑같은 문제가 도시 의보에서도 발생하리라 생각합니다.

또한 의료전달 체계에 관한 문제도 존재합니다. 더구나 이 보험 가입이 강제 규정과 같이 준조세적 성격을 띨 것이라 봅니다. 더욱 중요한 것은 이러한 정책의 결정에 당사자인 지역주민 의견은 철저히 배제되고, 관료적이며 행정적인 편의 위주와 전시 형태로 이루어진다는 점입니다. 이에 대해 더 이상 빈민들은 과거처럼 수동적이며 체념적이지 않습니다.

그리하여 우리 낙골은 난협을 중심으로 올바른 도시 의보 실시를 위해 본인 의견을 적극 개진할 것이며 진정으로 가난한 이들을 위한 의료 현실의 구현을 위해 구체적인 실천을 해 나갈 것입니다.

또한 이 낙골의 의료 문제가 단순히 보험 유무에 따라 생겨난 것도 아니고 사회의 구조적 모순의 구체적 발현태의 하나임을 인식하기에 이제 난협은 단지 의료 문제 해결 만을 위한 것이 아니라 이를 바탕으로 한 이 지역 총체적 문제의 근본적 해결을 위한 주민의 의식적 노력의 토대로서 좀 더 발전된 형태의 조직적 실천이 행해질 것입니다. 언제 낙골에 나타날지 모르지만 필연코 닥쳐올 폭력적 도시재개발 사업에 대한 대처가 그 예가 되겠죠.”

그렇다. 김혜경 님께서 말씀하신 것과 같이 이 땅의 민중은 더 이상 침묵의 문화에 젖어 있지 않다. 더 이상 자신의 삶을 자포자기하지 않는다. 이제는 이 땅의 진정한 주인이 누구인가를, 가난이 자신들의 무지와 게으름의 소치가 아닌 구조적 모순에 의한 순전한 피해 상황임을, 인간답게 살아가기 위해서는 모든 적대적 모순을 온몸으로 거부하며 주체적으로 타파해가야 함을, 생존권이 시시각각 위협받는 폭압의 상황 속에서 치열하게 깨닫는다.

지난 5월 16일은 이 지역발전의 새로운 지평을 연 뜻깊은 날이다. 난협과 남부고등공민학교, 낙골놀이방, 낙골교회의 관계자들이 모여 난곡지역협의회(이하 난지협)를 창립하였다. 1973년 설립되어 이 지역 청소년들의 배움에 대한 열망을 채워주고 있는, 하지만 지금은 관권에 의한 폐교 위기에 처해 있는 남부고등공민학교의 문제 해결이 시급한 과제이긴 하다. 하지만 장차 난지협을 보다 적극적으로 낙골 주민들의 고민을 함께하고 해결하는 민원창구, 마을잔치, 공동문화 등 주민들의 공동체 의식을 높이는 열린 공간, 그리고 답답하게 가려진 마음의 담을 허물어 버리는 대화 창구가 되도록 변화시켜 나가며, 더욱이 자신의 문제 해결의 주체적 의지가 발현되는 장이 되도록 할 계획이란다.

이러한 실천의 하나로서 낙골 주민의 의견을 결집하고 올바른 삶의 조명을 해나갈 방편으로 8월 6일 지역신문《난지협》을 창간하였다.

"우리가 난협과《난지협》을 토대로 지향하는 것은 정의로운 사회입니다."

어스름 햇살이 비칠 때 난협을 나서며 정의에 대해 생각해 보았다. 그것은 사랑일진대, 민중에 대한 사랑이고 나아가 인간에 대한 총체적 사랑이다. 하나 소극적이 아니라 온갖 불의와 위선, 억압과 수탈에 대한 분노를 주저하지 않고 폭발시키는 것이다. 그리하여 정의는 분노가 폭발하는 사랑이다.

8월의 대지는 뜨겁다. 그러나 압제를 불사르고 암흑을 태워 미래를 밝히기 위해 오늘을 살아가는 난협과《난지협》사람들의 마음은 꺼지지 않는 불꽃이 되어 한여름의 더위를 무색하게 한다.

<작은 꿈이 있는 난곡 마을>[32]

'난곡 주민회관'을 찾아서

서울 정도(定都) 6백 년을 기념하는 행사가 곳곳에서 한창이다. 기념 마스코트도 도심 거리마다 쉽게 눈에 띈다. 88 올림픽 이후 국제도시로 성장한 서울은 이제 인구나 경제발전 수준 등 여러 면에서 세계 어디에 내놓아도 손색이 없다. 하지만 그 성장과 발전의 그늘에 소외된 사람들이 사는 지역이 존재하는 것도 엄연한 서울의 모습이다. 이름하여 달동네. 이런 지역은 대부분 하늘까지 닿을 듯 좁고 경사 길들이 실타래처럼 얽혀 있고, 그 길들을 따라 빽빽이 들어찬 허름한 집들은 금방이라도 허물어질 것만 같이 위태롭게 서로를 의지한다.

—

32. 《교회빈민의료협의회 회보》 제26호(1995년 1월 28일 발행)에 실린 글

서울의 대표적인 달동네로는 봉천동, 신림동, 옥수동, 삼양동 등을 들겠다. 이 지역들은 대부분 도시 주변 지역에서 쫓겨난 철거민들이 정착하면서 형성된 마을들이다. 그 가운데 난곡 마을은 한 동네로는 꽤 규모가 크고 다른 지역보다 인구밀도가 높은 지역으로 알려졌다. 난곡 마을은 행정구역상으로 신림 7동에 속한다. 한참 이주민이 늘어날 때인 1970년대 중반에는 약 3만 2천을 헤아리는 인구가 몰려 대규모 빈민 지역을 형성하였다. 이 지역은 오래된 빈민 지역이면서 또한 어느 정도 안정된 빈민 지역이기에 초기부터 살아온 사람들이 많은 편이며 따라서 인구의 노령화 현상도 나타난다. 지금은 젊은 사람들이 산동네보다 아래 동네로 옮겨 살면서 인구가 줄기는 했지만 그래도 2만 7~8천을 헤아린다고 한다.

난초꽃 향기가 가득했던 난곡 마을

이곳이 난곡 마을이란 이름으로 불리게 된 데는 유래가 있다. 봉천동과 신림동 지역은 과거 강감찬 장군의 후손들이 모여 살았던 곳이라고 한다. 그래서 지금도 이곳에는 강 씨 성을 가진 사람들이 많이 모여 살고 있고, 강감찬 장군의 공적을 기리기 위해 만들어진 사당인 낙성대도 서울대학교 후문 초입에 자리한다. 당시 이 마을에서는 난초를 많이 쳤다고 한다. 골짜

기마다 난꽃 향기가 가득할 때면 왕궁으로 난초를 상납하였고, 이런 유래로 이 마을은 난초골 마을이라는 뜻의 난곡으로 불리게 되었다.

하지만 이곳이 계속 난곡으로 불린 것은 아니다. 한때 '낙골'이라고도 불렸는데, 그 유래가 자못 유별나다. 1960년대 초까지도 이곳은 서울의 변두리로 논과 밭, 숲으로 둘러싸인 관악산의 한 언저리였다. 또한 이곳은 한국전쟁이 터지자, 영등포 주민들이 피난 올 정도로 골짜기가 깊어 공동묘지로 쓰이기도 하였다. 그러다 1965년 큰 홍수 탓에 수재민으로 떠돌던 한강 둑 변의 동부, 서부 이촌동 사람들이 처음으로 하나둘 들어와 정착하기 시작하였다.

또 1967년 구로박람회 개최로 둑방 지역이 대거 철거되면서 그곳 주민들이 이주하기도 하였다. 이후 60년대 말에서 70년대 초까지 도심 주변 지역의 철거로 생겨난 철거민들이 대량으로 유입되면서 이곳은 대규모 철거민 정착촌이 되었다. 서울시는 이 철거민들 한 가구마다 대지 8평씩을 주어 정착시켰는데, 그 과정에서 땅이 부족해 주변의 공동묘지를 이장한 뒤 터를 닦아 그 위에 집을 짓게 하였다.

이때 붙여진 이름이 '낙골'이다. 이주 과정에서 공동묘지의 이장과 강제 이주가 동시에 이루어져 자신들의 신세를 한탄한 이주민들이, 해골이 쓰레기 모양으로 뒹구는 것이나 자신들이 청소차 위에서 뒹구는 것이나 매한가지라 하여 '낙골'이라 부르게 되었다고 한다. 이후 70년대 중반까지 버스 안내표시도 '낙골'로 표기할 정도로, 낙골은 이곳의 공식 명칭이 되다시피 하였다. 그러다 1976년 이곳의 행정구역명이 신림 7동으로 확정되면서 난곡 마을이란 이름을 다시 사용하게 되었다고 한다.

난곡 터줏대감 사라 아줌마

난곡 종점에서 버스를 내려 마을로 오르는 길은 여느 산동네나 다름없이 가파르고 숨찼다. 하지만 가쁜 숨을 몰아쉬며 올라갈수록 도심에선 맛보지 못할 신선한 공기가 땀에 전 목덜미를 휘감아 절로 힘이 솟았다. 물어물어 이 골목 저 골목 기웃거리며 '난곡 주민회관'을 찾았지만 쉬 눈에 띄지 않았다.

깔끔한 이층 양옥의 아래층을 전세 내서 마련한 회관은 그 주변에서는 그래도 번듯한 편에 속했지만, 생각만큼 규모가 큰 것은 아니었기 때문이다. 나란히 붙은 '난곡 주민회관', '꿈나무 공부방' 팻말 옆에 자리한, 헌 옷들이 널린 채 바자회 준비가 한창인 '난곡희망 협동회' 사무실은 목적지에 제대로 도착했음을 알려주고 있었다.

이곳에서 1973년부터 꾸준히 지역 활동을 하는 김혜경 씨(50세)를 만났다. 흔히 세례명인 사라 선생님으로 불리는 그녀는 흰색 점퍼에 검정 바지 차림의 평범한 동네 아주머니 모습이었다. 이런 그녀가 이 지역에서 주민조직을 꾸려내고 주민들의 자발적인 활동을 끌어낸 장본인이라는 데는 고개가 갸웃해졌다. 하지만 이곳에서 활동한 지 어느새 20년이 넘었다는 그녀는 1965년 우리나라에 들어온 '국제가톨릭형제회'(AFI)[33]에서 1967년부터 수련을 시작하면서 이미 가난하고 소외된 사람들에 대한 봉사를 준비하였다고 한다.

이후 그녀는 1969년 1월부터 6개월 동안 연세대학교의 '도시문제연구소'가 주관한 빈민선교 실무자 교육을 받고 본격적인 지역 활동을 시작하게 되었다. 처음 창신동에서 5년간의 지역 활동을 경험한 후 신학생 교육프로그램을 맡게 된 것을 계기로 이곳 난곡으로 들어오게 되었다는 그녀는 어느덧 이곳의 터줏대감 가운데 한사람이 되었다.

지역 활동가로서 그녀는 지역주민들을 조직하고 지역의 현안들을 찾아 대책을 모색하는 등 다양한 활동을 한다. 이런 그녀의 다양한 활동과 폭넓은 인간관계 때문에 그녀를 부르는 호칭도 다양하다. 부르는 사람에 따라 평범한 아주머니에서 누님, 선생님, 어머니까지 천차만별이지만, 사람들에게는 '김혜경'이

---

33. Association Fraternelle Internationale, 다양한 문화에서 사는 그리스도교 신자들이 모인 단체로 우리나라에서는 전진상 교육관, 전진상 사회복지관 등을 운영

라는 본명보다는 '사라'라는 세례명이 익숙하다. 1991년 기초
의회 선거에서 구의원으로 당선된 뒤로는 의원님이란 호칭까
지 붙어 다닌다.

현재 '난곡주민회관' 안에 사무실을 두고 있는 '난곡희망협동
회'(난협)는 김혜경 씨와 밀접한 관련을 맺고 있다. 난협은 그녀
의 분신처럼 보이기도 한다. 그만큼 그녀의 개인 삶 자체가 난
협 활동 곳곳에 배었기 때문이다. 현재의 난협 활동을 제대로
이해하기 위해서는 70~80년대 이 지역에서 난협 활동이 어떻
게 시작되었고 전개되었는지, 또 그 역할과 성과는 무엇인지를
되돌아볼 필요를 가진다.

가난한 사람들의 작은 모임이 얼마만큼 큰 힘을 발휘하였는
지, 그리고 주민 공동체의 자치활동이 구성원 각자에게 어떤 변
화를 주었는지를 그들의 체험 안에서 살펴보아야 현재와 앞으
로의 난협 활동에 대해 제대로 이해하겠다고 느꼈기 때문이다.

난곡희망협동회의 씨앗 '국수 모임'

난협은 '국수 모임'이라는 작은 친목 모임에서 시작되었다고
한다. 이 모임은 이후 '난곡희망의료협동조합회'의 전신이 되었
다. 김혜경 씨는 당시 모임의 시작을 이렇게 회상한다.

"비슷한 처지의 젊은 아주머니들이 애들을 업고 일을 하면서도 제대로 밥도 못 먹는 것을 보고, 한 달에 한번씩이라도 점심을 같이 먹는 모임을 만들어야겠다는 생각을 했습니다. 그래서 한 골목 안에 사는 열다섯 명의 아주머니들과 친목계 형식의 '국수 모임'을 만들게 되었지요.

처음에는 단순히 사는 얘기를 통해 서로의 어려움과 고민을 나누었지요. 그러다 모임이 지속될수록 개인의 고민뿐만 아니라 지역의 공동 문제를 인식하게 되었고, 당시 가장 불편하게 느끼는 것부터 해결책을 모색하기 시작했어요."

이런 과정을 통해 수도와 화장실이 턱없이 부족한 현실을 개선하고자 주민들이 직접 동사무소의 도움을 받아 상하수도 시설을 보수하기로 하였다. 또 가로등과 우체통 설치, 그리고 생활필수품 공동 구매 사업 등을 통해 지역 문제를 공동으로 해결하는 전기를 마련하였다. 이러한 계속된 모임과 지역 문제에 대한 고민을 통해 김혜경 씨는 각 가정의 가장 큰 문제가 의료 문제임을 알게 되었다. 지역주민 대부분 가족 가운데 누가 아프면 비싼 병원비를 감당하기 어려워 대개 약국을 찾아 임시처방을 받는 실정이었다.

당시 의료 문제에 대한 얘기가 한창 진행되던 와중에 동네에서 고무공장에 다니며 신발창에 본드와 특수 화학약품을 섞은

풀을 발라 붙이는 일을 하던 노동자 한 사람이 다리가 마비되는 중세가 나타났다. 한 회사에서 이미 열 명 정도 노동자들이 같은 중세로 결근하거나 고생하는 중이었다. 직업병이었다. 이 소식을 들은 '국수 모임' 회원들은 이 노동자들을 도울 방도를 찾아보기로 하고, 먼저 동아일보와 동양방송 등 언론사를 찾아가 호소, 진정하였다.

이 문제가 언론에 의해 여론화되자, 회사 측과 노동청에서는 서둘러 이들에 대한 건강진단과 정밀 검사를 하였다. 검사 결과 화공약품 중독에서 오는 직업병이라는 것이 판명되어, 이들은 무료로 종합병원에서 6개월 동안 입원 치료를 받게 되었다.

또 이 노동자들이 치료를 받는 동안, '국수 모임' 회원 가운데 임신 9개월이던 아주머니가 남편에게 맞아 하혈하여 유산 위기에 처한 일이 발생하였다. 보증금 3만 원에 3천 원짜리 사글세를 사는 처지에 입원 보증금 9만 원을 마련하기는 보통 어려운 일이 아니었다. '국수 모임' 회원들은 모두 자신의 일처럼 발 벗고 나섰다. 그래서 모금 운동도 하고 동사무소에서 영세민 카드도 받아내 무사히 아기도 낳고 산모도 치료받게 하였다. 이런 활동은 '국수 모임' 회원들에게 기쁨과 보람을 주었다. 김혜경 씨는 이때 '가난한 사람이 아프면 죽을 수밖에 없구나' 하고 생각하게 되었고, 이후 지역의료 사업에 관심 갖는 계기가 되었다.

의료 협동조합의 시작

마침 1974년 9월 서울의대 가톨릭 학생회 학생들이 주말 진료 지역을 물색한다는 소식을 들었다. 그녀는 적극 나서 학생들이 이 지역에 오도록 하였다. 학생들의 이러한 지역의료 활동은 '의료 협동조합'을 만드는 직접적인 계기가 되었다. 진료팀은 처음 한 학기 동안 매주 토, 일요일 공소에서 내과와 치과 진료를 하였다. 그러나 공소가 아랫마을에 있어 정작 치료가 필요한 산동네 사람들은 이용하기가 어려웠다. 오히려 그런대로 괜찮게 사는 아랫마을 사람들이 진료를 받으러 오는 현상이 나타났다.

이런 이유로 1975년 진료 장소를 위쪽에 있는 '남부고등공민학교'로 옮겼지만 대부분 하루 벌어 하루 먹고 사는 산동네 사람들보다 진료 접수가 상대적으로 유리한 아래 동네 사람들이 많이 진료를 받으러 오는 것은 여전했다. 여기에다 아래 동네 사람들과 산동네 사람 사이에는 차림새부터 위화감이 조성되어 산동네 사람들의 발걸음을 더욱 무겁게 하였다. 진료 팀 학생들은 자기들의 의료 활동 취지가 퇴색해 가는 상황을 고민하다가 주민들 스스로 이 문제를 해결하기를 요구하였다.

이에 주민 공동체의 필요성을 절실히 느낀 김혜경 씨는 주민들이 스스로 의료진과 연결되도록 하기 위해 '의료협동조합'

형태 조직을 만들어야겠다고 생각했다. 그러고는 동네 각 집을 돌아다니며 '주민공동체'의 필요성을 역설하였다. 그녀의 이러한 노력으로 '국수 모임'을 중심으로 모인 118세대의 참여로 1976년 3월 13일, '난곡희망의료협동조합'이 창립총회를 가졌다.

철저한 자립정신과 공동체 정신에 맞추어 회칙을 정했다. 회원 가입을 세대별로 받기로 하고 월 회비 1백 원에 진료비는 2백 원으로 정했다. 회원 대상도 월수입 3만 원 미만에 다섯 식구 이상인 가정 가운데 장기 치료자가 있는 가구를 우선 대상으로 삼았다. 또한 '국수 모임' 회원들이 직접 주민들을 만나 조합의 취지와 목적을 설명하고 공동체 활동을 함께 하겠다는 데 동의하는 사람들만 회원으로 받는다는 원칙도 확립하였다.

이처럼 자립과 공동체의 정신을 기초로 한 원칙을 세워 철저히 지켜나간 것은 김혜경 씨의 말처럼 "의료 협동조합은 개인의 필요와 요구만을 충족시키는 사적 이익 단체가 아니고, 조합 활동을 통해 공동체 정신과 주민 자치의 이상을 실현하는 주민 자립 공동체를 이루려는 시도"였기 때문이다. 이러한 원칙의 준수는 의료협동조합이 5년 동안 약 5백 세대만을 선별하여 가입시킨 것에서도 잘 드러난다.

작은 힘을 통한 큰 기쁨

'난곡희망의료협동조합'은 회비를 창립 정신에 따라 조합 기금 조성과 입원자의 보증금 보조, 나아가 장학, 교육 사업과 지역주민들의 어려운 사정을 돕는 데 사용하기로 하였다. 김혜경 씨는 조합 첫 사업이 두고두고 잊히지 않으며, 이후 의료협동조합 활동과정에서 크나큰 보람과 힘을 제공했다고 한다.

"첫 회비로 모은 11,800원을 어떻게 사용할 것인가를 얘기하다가 일찍 남편을 잃은 후 동네 꼭대기에다 굴을 파고 만든 집에서 병치레를 하는 한 아주머니를 도와주자는 의견이 나왔습니다. 보조할 것인지를 결정하기 위해 지역 대표 몇 분과 함께 방문한 그 집은 말이 집이지 거죽으로 입구만 겨우 가린 움막이었지요. 안으로 들어가니 고약한 냄새가 진동하고 그 아주머니는 퀘퀘한 이불을 뒤집어쓰고 누워 있었지요.

아주머니는 남편과 사별한 후 세 남매를 키우기 위해 닥치는 대로 일한 탓인지 가슴이 답답하고 배에 통증이 밀려와 자리에 눕게 되었답니다. 무슨 병인지도 모른 채 약 한 첩 제대로 지어 먹지 못해 꼼짝 못 하고 합병증에 시달리고 있었어요. 그 아주머니는 이미 생을 포기한 채 우리에게 철부지 세 남매를 입양시켜 달라고 눈물을 흘리며 부탁하더군요. 그러면서 죽기 전

소원이 자기 속이 어떻게 생겼는지 배를 한번 갈라 보는 것이라고 했습니다.

우리는 죽어가는 아주머니의 마지막 소원이라도 풀어주자는 생각으로 모은 회비의 절반을 내어 근처 대동한의원에서 침과 약 세 첩을 지어 드렸습니다. 아주머니는 너무도 고마운 마음에 저희가 지어 준 약을 한 방울이라도 흘려서는 안 된다는 마음으로 정성스레 달여 드셨답니다. 그리고는 얼마 후 그 약이 효과가 있었던지, 아니면 아주머니의 정성 때문인지 기적처럼 다시 일어나게 되었지요.

다시 일어난 아주머니는 의료협동조합의 1주년 총회 자리에서 가슴 뭉클한 간증(?)을 하셨어요. 결코 우리의 은혜를 잊지 않겠다고 눈물로 고마움을 전한 그 자리는 온통 눈물바다가 되었지요. 모두 울었습니다. 1백 원이라는 하찮은 돈이 모여 한 사람의 생명을 구했다는 데 모두가 감동했지요. 이후 그 아주머니는 적극적으로 조합 일에 참여하셨고, 행사 때마다 당신의 체험을 두고두고 말씀하셨답니다.

지금 그 아주머니는 난곡국민학교 아래 있는 느티나무 옆집으로 이사가 건강하게 열심히 살고 있지요. 당시 철부지였던 큰딸도 지금은 21살의 어엿한 숙녀로, 여상을 졸업한 후 직장생활을 한다더군요. 정말 잘됐지요. 아주머니는 지금도 우연히 만나면 그때 일을 잊지 않고 고마움을 전합니다. 이 첫 사업에서 얻은 보람은 이후 우리의 사업을 떠받쳐가는 기둥이 되었습니다."

이러한 활동을 바탕으로 1986년 4월, 지역병원 설립을 추진하기로 결의하였다. 지역병원인 '요셉의원'은 1987년 8월 29일 개원하였다. 요셉의원을 개원하는 과정도 '작은 힘이 모여 큰 힘이 된다'는 평범한 진리를 확인하는 과정이었다고 한다. 요셉의원을 위해 의료조합은 회비를 1천 원으로 올려 5백만 원의 자체 기금을 마련하고, 나머지는 모금하기로 하였다. 이 과정에서 어느 할머니는 바느질삯으로 모은 1천만 원을 선뜻 내놓으셨고, 부산의 한 아주머니는 익명으로 120만 원을 기증하기도 했다. 각 교구 주교님의 격려와 각계각층의 적극적인 도움으로 모금 운동은 성공했다. 이러한 체험을 통해 김혜경 씨는 하느님의 역사하심을 몸으로 체득하였다고 회고한다.

지금은 의료보험 제도의 보완과 주민 생활의 향상으로 의료 관심이 줄어들었다. 그리고 재개발사업 역시 여러 가지 문제로 추진이 어려워지면서 뚜렷한 공동체 사업이 없어져, 난협은 약간 침체된 상태이다. 초기 4개 반이던 모임이 현재 10개 반으로 늘었고, 자녀 교육 사업의 하나로 공부방도 개설되어 운영되긴 하지만, 과거와 같은 적극적이고 왕성한 주민 참여는 보이지 않는다는 게 김혜경 씨 설명이다.

난협의 현재 모습

난곡 주민회관이 지금 자리에 둥지 튼 것은 1991년 6월이다. 난협 기금 가운데 남은 일부를 공동 투자해 3천만 원 전세로 이곳을 얻었다고 한다. 여기는 현재 공부방과 난협 사무실이 들어섰고, 난협 지역 대표자 모임이 한 달에 한번 열린다. 난협 일을 보는 최윤정 씨(31세), 공부방 책임자로 있는 최보경 씨(32세) 그리고 김혜경 의원 보좌관으로 활동하는 천범룡 씨(34세) 등 실무자 3명 중심으로 이곳을 꾸려나간다. 그 가운데 최보경 씨와 천범룡 씨는 부부로서 함께 이곳 일을 한다. 부인보다 뒤늦게 작년부터 이곳 일을 함께하게 된 천범룡 씨는 자신들과 김혜경 씨가 맺은 특별한 관계를 이렇게 얘기한다.

"제가 결혼한 지는 10년 되었습니다. 결혼 전 처가에 인사 갔는데 장인어른께서 지나가는 소리로 이런 말씀을 하시더군요. '우리 동네에 마을 일에 항상 앞장서는 천주교 다니는 지역 반장 같은 분이 계시는데 그분이 도장만 찍어주면 치료를 받는다고 해서 집사람도 그분 도움으로 수술을 받았다. 그분이 아니었더라면 집사람이 지금처럼 건강하게 지내지 못했을 거다. 그

분은 참 능력도 많고 좋으신 분이다.'

그때 얘기 들었던 분이 바로 사라 선생님이셨죠. 장인 장모 내외의 각별한 마음은 사라 선생님이 선거에 나오셨을 때 날마 다 음식을 날라다 주신 데서도 잘 드러났습니다. 제가 이곳으 로 와 사라 선생님 보좌관을 하게 된 것도 그 영향이 컸다고 봅 니다."

이렇게 말하는 그에게는 김혜경 씨에 대한 존경과 신뢰가 물 씬했다. 그 때문에 말이 보좌관이지 자원봉사자로서 김혜경 씨 의정 활동을 돕는 것이다.

최보경 씨가 이곳과 인연을 맺은 것은 4년 전, 김혜경 씨 옆 집에 살면서 공부방 자원봉사자 활동을 하면서부터다. 그녀는 1992년 주민회관이 들어선 때부터 일을 보다가 1993년 10월부 터 공부방의 실무자로 일하게 되었다고 한다. 그녀에게서 들은 '꿈나무 공부방' 운영 방식은 조금은 유별났다.

"처음에는 무작위로 지역 아이들을 모아 70명에서 한때는 1 백 명이 넘게 아이들을 가르치기도 했지요. 그러다 보니 일반 학교나 마찬가지가 되어 공부방을 운영하게 된 취지와 자꾸 멀 어지게 되더군요. 공간도 좁고 공동체 수업도 하기 어렵고, 더 군다나 아이들의 수준도 각기 달라 수업의 수준을 정하기가 어려워 아이들의 실력 향상도 기대하기가 어려웠지요.

　이런 문제들을 고민하다가 1993년부터 아이들을 선별 모집하기로 결정하였습니다. 한 학년을 다섯 명 이하로 줄여 처음 취지에 맞는 아이들만을 모집하기 위해 주변의 난향국민학교 교장 선생님께 학교 성적이 떨어지는 아이들 가운데 가정형편이 특히 어려운 아이들을 선정해 줄 것을 의뢰하였습니다. 이렇게 되니까 자모들로부터 약간의 불만이 나오기도 했지만, 더욱 효과적인 공부방 운영이 이루어졌어요.

　그래서 지금은 세계사나 과학과 관련한 특별 수업도 매주 1회 정도 하고, 장애자 체험 등 체험 중심 공동체 수업도 주 1회 하지요. 또 아이들 전체가 모여 하는 공동수업도 주 1회 마련하여 만들기나 창작 활동을 시킵니다. 학과 공부와 더불어 인성 교육도 병행하는 조건이 마련되어 아이들뿐 아니라 교사들도 더 보람을 갖게 되더군요. 앞으로도 한 학년에 3-5명으로 인원을 제한하여 전체 학생 수를 35명 안팎으로 유지할 생각입니다."

　공부방 운영은 주민 자치 원칙에 따라 주민회관 회원들이 공동 투자하기로 했지만, 자체 회비만으로는 주민회관 운영비 대기에도 급급한 실정이다. 따라서 공부방은 교사들의 수익 사업과 매달 6천 원씩 받는 운영비로 운영해 나간다.

자모들에게 운영비를 받는 건 운영 자금의 필요 때문이기도 하지만, 자모들이 공부방 운영에 더 많은 관심 갖고 참여하도록 하는 방법이기도 하다. 막 수업을 끝내고 나온 새내기 교사인 신상미 씨(서울여대 1학년)를 만났다. 그녀는 아직 아이들을 감당하기가 힘든 모양이다.

"저는 어릴 때부터 부족함 없이 자라 어려운 환경 아이들을 잘 몰랐지요. 하지만 언젠가 텔레비전에서 산동네 아이들 모습을 본 기억이 납니다. 그때 어려운 환경에도 아이들이 참 밝다는 생각을 했어요. 대학 와서 선배도 권유했지만, 아이들과 함께 지내고 싶은 마음에서 교사를 지원했지요. 힘들기도 하지만 무척 재미있어요. 아이들이 너무 예쁘거든요."

대부분 교사가 꾸준히 활동 가능한 것도 바로 아이들과 함께 하면서 느끼는 기쁨 때문일 것이다. 꿈나무 공부방의 교사들은 현재 20명 정도다. 모두 학생들로 구성된 공부방 교사들은 매주 토요일 모임을 통해 신입 교사 교육과 자체 세미나, 자모회 운영 회의를 가지고, 서울 지역 가톨릭 공부방 교사 연합체인 '가공연' 활동을 통한 수익 사업과 공동 프로그램 개발 등 다양한 노력을 기울인다.

최보경 씨는 교사들을 보면서 항상 고마운 마음을 갖는다. 요즘 젊은 사람들이 자기 시간 갖는 데 집중하는 것에 비하면 엄청난 봉사 정신을 가졌기 때문이다. 하지만 간혹 교사들 가운데 너무 큰 뜻을 품고 왔다가 자신뿐 아니라 공부방과 교사들에게 실망하고 떠나가는 모습을 볼 때는 마음이 아프기도 했다고 한다. 공부방은 교사들의 활발한 활동으로 그래도 이 지역의 귀염둥이이기도 하다.

하지만 교사들이 학생들이고 대부분 다른 지역에 살다 보니하나의 독립된 사업체처럼 되어가 공부방 활동이 지역사업으로 이어지기 어렵다. 지역 연대조직인 서공연(서울지역공부방연합회), 가공연(가톨릭공부방연합회)과 함께 연대사업을 벌이기는 하지만, 모임이 교사 중심으로 이루어져 지역 주민조직과의 연대에는 한계를 가지는 현실이다.

공부방 옆 난협 사무실에서는 최윤정 씨가 아이를 업고 헌옷더미에 묻혀 씨름 중이다. 난협에서는 얼마 전부터 생활환경운동의 하나로 헌 옷들을 모아 싼값에 판매하고, 또 재생 용품과 우리 농산물 등도 전시, 판매한다. 하지만 주민들의 자발적인 참여가 시들해진 요즘 같아선 별 효과가 없는 듯 보이기도한다. 난협 운동의 침체된 현실을 모두가 어쩌지 못할 것으로받아들이는지도 모른다.

한창때는 지역 행사가 있을 때 약 2천 세대가 모여 동네가 시끌벅적했었는데 이제는 주민들이 연령층도 높아지고, 일터도 지역 밖인 경우가 많아 한번씩 만나려 해도 서로 시간 맞추기가 매우 어렵기 때문이다. '사회 구조가 복잡해질수록 지역 안에서 공동체를 운영하기가 더욱 어렵다.' 이들의 말에서 공동체 운동의 어려움을 새삼 실감한다.

새로운 공동체 사업을 위하여

지역 활동의 침체는 사회의 급격한 개인주의화와 그에 따른 주민들의 생활 변화, 활동 과정상의 실망, 특별한 공동체 사업 말고 각 활동이 특화된 사업 체계로 안주한 것 등에서 그 원인을 다양하게 찾겠다. 김혜경 씨는 이제 주민들의 공동 관심사와 관련해 주민들을 하나로 묶어낼 새로운 협동 조직이 필요하다는 점을 잘 안다.

그래서 지역 환경이나 자녀 교육, 생활 협동 사업과 관련한 새로운 공동 투자 사업을 찾는다. 하지만 그것도 현재 추진되는 재개발 문제와 맞물려 불투명하다고 한다. 아울러 그녀는 지금 이루어지는 각 활동을 지역 전체 관심사로 확대하지 못하는 것도 문제의 하나로 꼽는다.

"특히 공부방을 중심으로 이루어지는 자녀 교육과 관련한 문제들은 주변 지역의 공부방들과 함께 공청회나 강연회를 통해 얼마든지 지역 전체의 문제로 확대시키고, 이를 통해 주민들 스스로 활동할 공간도 마련 가능하지요. 또한 재개발 문제와 관련해서도 공청회를 한번 열고 소식지도 몇 번 냈지만, 지속적인 교육과 홍보가 이루어지지 못해 지역주민들의 관심과 호응을 모으지 못하는 실정입니다.

주체적 역량이나 객관적 조건이 성숙하지 못한 때문입니다. 따라서 앞으로의 활동은 지역 자체만으로는 어렵고 각 지역별, 사업별 연대 활동을 통해 지역 간 공동체를 형성하고, 동시에 유통 구조뿐 아니라 모든 사회 구조 틀을 변화시켜 가는 노력이 필요하다고 봅니다."

김혜경 씨 진단처럼 각 지역 단위 공동체 사업들에는 이제 새로운 차원의 연대 활동이 필요한 상황이다. 문제는 침체한 현실에 매몰되지 않고 돌파구를 찾아 새로운 공동체 사업들을 어떻게 확대시켜 가느냐일 듯하다. 현재 난곡 지역의 주민 활동이 전반적으로 침체한 모습이긴 하지만, 이 지역주민들은 작은 힘이 모여 큰 역할을 한다는 소박한 진리를 공유한 경험을 지녔다. 따라서 힘으로 되살아날 것이다. 김혜경 씨 또한 이러한 믿음이 굳건하다.

김혜경 씨는 지금껏 주례를 두 번 섰다고 한다. 그것도 모두

'국수 모임'부터 함께한 난협의 지역반 대표 엄마들의 자녀들이란다. 이는 공동체의 지속적인 유대를 상징하는 것으로, 그러다 전문 주례 선생님으로 나서는 게 아니냐는 말에 김혜경 씨는 "저는 구의원 그만둬도 먹고 사는 데는 지장 없을 거예요"라고 우스갯소리를 하며 해맑게 웃는다.

한뼘문고 04

난곡에 희망을 심다

초판 1쇄 발행 2024년 12월 5일

강연 김혜경 기획 한국사회적의료기관연합회

펴낸이 이보라 펴낸곳 건강미디어협동조합

만든이 백지민 백지은 황자혜 박재원 김상훈

등록 2014년 3월 7일 제2014-23호 주소 서울시 사가정로49길 53

전화 010-2442-7617 팩스 02-6974-1026 전자우편 healthmediacoop@gmail.com

값 9,000원 ISBN 979-11-87387-37-4 03300